携手共创阳光心理校园

陈成潇

学生心理自助与拓展

中共江西省委教育工委
江西省教育厅 编

江西人民出版社
Jiangxi People's Publishing House
全国百佳出版社

图书在版编目（CIP）数据

心海导航：学生心理自助与拓展 / 中共江西省委教育工委，江西省教育厅编 . — 南昌：江西人民出版社，2022.8（2023.7重印）
ISBN 978-7-210-12852-6

Ⅰ.①心… Ⅱ.①中… ②江… Ⅲ.①中学生—心理健康—健康教育—研究 Ⅳ.① G444

中国版本图书馆 CIP 数据核字（2021）第 278971 号

心海导航：学生心理自助与拓展　　　　中共江西省委教育工委
XINHAI DAOHANG：XUESHENG XINLI ZIZHU YU TUOZHAN　　江　西　省　教　育　厅　编

责 任 编 辑：章　雷　敖一鸣
书 籍 设 计：章　雷

 出版发行

地　　　址：江西省南昌市三经路 47 号附 1 号（330006）
网　　　址：www.jxpph.com
电 子 信 箱：120708658@qq.com
编辑部电话：0791-86898860
发行部电话：0791-86898815
承　印　厂：江西省和平印务有限公司
经　　　销：各地新华书店

开　　　本：720 毫米 ×1000 毫米　1/16
印　　　张：18.75
字　　　数：270 千字
版　　　次：2022 年 8 月第 1 版
印　　　次：2023 年 7 月第 2 次印刷
书　　　号：ISBN 978-7-210-12852-6
定　　　价：45.00 元
赣版权登字 -01-2022-365

版权所有　侵权必究
赣人版图书凡属印刷、装订错误，请随时与江西人民出版社联系调换。
服务电话：0791-86898820

* 前言

携手共塑阳光心态

学生心理健康教育工作，事关党的事业薪火相传，事关国家长治久安，事关学生幸福安康和社会和谐发展。加强和改进学生心理健康教育工作，是落实立德树人根本任务的必然要求，是培养担当民族复兴大任的时代新人的重要途径，是实现中华民族伟大复兴的一项源头性、基础性工作。

浇花浇根、育人育心。党的十八大以来，习近平总书记先后多次对学生心理健康工作作出一系列重要批示指示，强调要加强人文关怀和心理疏导，培育理性平和的健康心态。江西省委、省政府高度重视学生心理健康工作，省委省政府主要领导多次关心指导学生心理健康工作，省政府办公厅出台《关于加强和改进新时代学校心理健康教育工作的实施方案》，开启了江西学校心理健康教育工作的新篇章。江西省委教育工委、省教育厅站在为党育人、为国育才的政治高度，着眼学校、院系、班级、寝室四级预警体系有效运行，统筹省内外心理健康专家力量，编写《心理教练：心理健康教育与训练》《心海导航：学生心理自助与拓展》《心灵伙伴：班级心理委员助人通》《心花怒放：寝室心理保健好帮手》四册新时代大学生心理健康教育实用丛书。

贴近生活、亲近学生，是新时代大学生心理健康教育实用丛书的主要特点。在编写过程中，编写组始终坚持科学性、专业性、人文性相统一，既重护心，更重养心。**《心理教练：心理健康教**

育与训练》采用积极心理学理念，设计科普专题讲座16讲方案，为高校专兼职心理教师和辅导员提供工作指引，切实增强心理健康教育与训练能力水平，努力成为学生健康成长的心理教练。**《心海导航：学生心理自助与拓展》**结合大学生特点，以心理自助技巧及趣味拓展游戏为重点，设计了自助与拓展的操作流程，以期增强广大学生自我调适技能。**《心灵伙伴：班级心理委员助人通》**以强化班级心理委员自助及助人能力建设为重点，充分发挥班级心理委员朋辈资源优势，引导广大班级心理委员努力成为同学们的心灵伙伴。**《心花怒放：寝室心理保健好帮手》**将心灵关怀的触角延伸向寝室"最后一米"，为寝室心理保健员营造和谐的生活氛围。

愿新时代大学生心理健康教育实用丛书成为心理教师和辅导员工作的好帮手，成为学生成长的最好陪伴。

在游泳中学会游泳

越来越多的人意识到，心理健康教育不仅仅是对少数有困扰的学生进行心理辅导，更要立足于全体学生，提升所有学生的心理素质。

我们在一生中都可能会遇到困难和挫折，既然心理问题人人都有，那么心理调适的技巧就应该得到普及。也可以这么说，人人都需要提升心理素质，那么掌握提升心理素质的方法应该得到普及。换句话来说，心理健康教育应该教会学生在游泳中学会游泳。

一天，三个打鱼人相约在河潭边钓鱼。河水很急，三人正待鱼儿上钩，忽见有人从上游被急流冲下，掉进深潭并挣扎求救。于是，有一打鱼人跳进潭中把落水者救起。不久又有一人被冲进深潭，也被救上岸。就这样接连救起五个落水者，该打鱼人累极了。三个人中另一人忽然想起什么，他离开现场来到上游，告诫戏水者河有旋涡急流，劝说他们不要在此游泳、戏水，并立警示牌一块，然而还是有人无视警告入水落难，需要救助。第三个人思来想去：如果人们都识水性，会游泳、潜水就好了，万一落水了也会自救，不会溺水而死。于是，该打鱼人回去开办了一所教授游泳的学校。从此，再也没有发生溺水事件。

三个打鱼人的故事生动形象地揭示了心理危机干预、心理健康教育与心理素质训练三者的关系。第一位打鱼人跳入水中不顾自身生命危险的举动可喻为心理危机干预，这是事后的补救工作，要花费更大的努力。第二位打鱼人的劝说工作就好像心理健康教育，第三位打鱼人的"教人习水性"就如心理素质训练，他找到了"落水者"需要救助的根本原因。

本书就是在这样一种思考的框架下编写的。可以说，这本书是从事心理健康教育及积极心理学学习、实践及训练的经验总结。

※※※ 如何使用本书 ※※※

对于学生个人，可以自行阅读第一章，了解心理自助的"五步法"及相关技巧，阅读并加以训练将能自行解决生活中许多困难。

对于班级心理委员及寝室心理保健员，不仅需要自助，更要助人。本书第二章互助的"五关"，提供了一种基本的助人框架及操作模式，可以藉由阅读本书，达到助人自助的目的。

从教育者角度来说，包括学校领导、思政工作干部、辅导员及父母，凡是在学生成长中提供支持的人统称"教育者"。可以根据需要选择其中的一章节进行操作，本书技巧可用于生活情境。

尤其值得一提的是，本书提供的"新生适应""班级建设""人际关系"及"自我成长"四套模板，即学即用，若用于新生入学心理健康教育中，将会起到意想不到的效果。

本书分享一套积极心理学思维方法（关心期待、关系互动、关注目标及一小步，关键激发成长），示范一种团体心理素质拓展训练的游戏，在活动中掌握一种技能，**在互动中提高心理素质，在关系中、在不知不觉中化危险为成长的转机。**

※※※ 写给管理者 ※※※

我们正处于一个最好的时代，这是一个物质幸福感不断提高、科技不断发展的时代，也是一个呼唤心理学并重视心理健康的时代，我们希望学生"成功得更加健康，健康得更加幸福"。

从管理层面，我们普遍面临三大困扰：

一是学生们对心理问题仍存在许多错误的认识，最主要的原因是缺乏心理健康知识，没有认识到自己的心理问题；

二是目前心理咨询师资无法满足大学生心理健康及心理素质教育的需求；

三是如何建立一个工作体系，做好全校心理危机干预工作，从而建设平安校园。安全是最大的民生！

本书第一章以积极心理学理论为依据撰写心理自助，从而激发不断向上成长的力量。

本书第二章以"五关"法示范了心理互助的基本技巧，尤其是提出"关键是建立一支互助的队伍"及提供"四套行之有效的团体拓展训练的模板"。

我们相信，效果会出奇的好，原因很简单：谁会拒绝不需要任何专业的场所就可以一起玩的心灵游戏呢？

※※※ 写给教师 ※※※

学生管理工作千头万绪，几年下来，有力不从心之感，更不要说协助学生达成目标、愿景和梦想。为避免产生心身俱疲之感，我们希望拥有一种简单有效的做法，帮助我们做好学生工作，并为我们的生活带来更多的幸福与安宁。

一个很偶然的机会，我接触了团体心理训练，在北京参加由中国心理卫生协会主办的一次国际学术会议，会议办了一个"心灵游戏"工作坊，选择它的理由很简单，游戏符合我们的性格，或许几天学术会议过于紧张，想借此轻松一下。

"心灵游戏"的威力是震撼性的，在随后的一段时间里，经常不知不觉想记起这样的画面：大家在狭小的地方坐成紧密的一个圈，空间上的肩并肩使得心灵的距离更近，使白天多少有些紧张的氛围在这里消散，大家像孩子一样快乐，所有人围圈玩起了"心有千千结"的游戏，当大家真正解开结的时候，全体一起欢呼。

大家惊讶地发现，原来我们这个集体那么优秀、那么团结，欢呼的不仅是眼前的这个结，还有长久以来纠结在心中的一个结：我们这么多优秀的同行，为什么一直没有凝聚在一起呢？而通过游戏用最简洁、最通俗的形式说出了最复杂的事情和道理，把不可言说的东西用游戏的方式清晰地呈现出来。这样一次经历，也解开了我们的一个心结，心理教育和管理工作还可以这样简单和有效。

从此，发现生活和很多想法因这次经历而改变，于是决心要学习这门学问，要掌握它并把它运用到自己的工作当中。

从2003年至今，带领过诸如"打造精英团体：学生干部心理素质训练营""共享一片蓝天：贫困生心理素质拓展训练""全省高校辅导员野外心理素质拓展训练营"等各种团体。累积起来，直接参与组织培训的学生及成员已逾10000人。

2006年开始，在全校招募高年级的学生作为心理健康教育宣讲团的成员，培训本书第四篇的其中一套模板。他们通过体验式学习掌握了操作方法后，让他们针对全校新生进行心理素质拓展训练。所有参加这种积极正向的心灵游戏的新生们，都会在获得欣赏的兴奋之余，还有另外一种说不太清楚的收获，那大概是因为他说出了我们都知道却没有像他那样去思考、去提炼，去开启智慧和扰动情怀的东西，那是一种更接近叫力量的东西。

更重要的是，新生心理素质拓展训练采用巧妙的方式把大家招呼在一起，凝聚了起来。一次拓展训练，同学们结下了打都打不散的友谊。

如今，团体心理素质拓展训练，正成为人们日益追捧的对象，越来越多的人对此感到好奇。人们常常质疑，这是否是一个美丽的传说，也有人怀疑，这种看似体育，又似游戏，是否真的能产生如此奇妙的效果。在心理素质拓展训练中，游戏只是其中一套工具，这套工具是用来帮助所有的人更加了解自己和别人，促进互动，通过游戏促进人们对生命和生活的分享。

如果你不亲自体验心理训练，你很难欣赏到其中的精妙之处。

可是心理素质拓展训练偏偏可遇而不可强求，于是，遂产生编写这样一本书的想法，希望让更多的人可以管中窥豹、略见一斑，了解心理素质拓展训练的魅力。

※※※写给学生※※※

我们一直在寻找一本指南，以易懂的方式让你了解如何拥有健康快乐的生活。当然，我们希望这本书写得简单、学习过程容易掌握且合乎情理，最重要的是能够有效地得到想要的结果。

一本好书应该具有两种功能，一是解读专业信息，二是实用可操作性。要做到这两点并不容易，在编写时努力朝这靠拢，因此，确立一个原则：把一些被专家学术化的词语、抽象的思想、艰深的表达转换成大众喜闻乐见的语言，希望广大读者阅读或使用本书前不需要掌握心理学知识。

知识可以带来力量和方向，这种方向感让我们可以憧憬未来。但思考只是成长的第一步，只有有效的行动才是成长的推动力。编写这本书的时候，除自助及互助的相关知识外，更重要的是朝着这个方向做点什么。

拿时下流行的话来说，就是筑梦踏实，积攒力量！

为此，本书增加了心理自助及互助的实务，里面包含大量的心灵游戏，读者不但可以在游戏中体验到快乐，而且还可以选择自己感兴趣的部分在现实中实践。

我们相信，只要你放开心胸来玩心理游戏，你会发现，原来你的内心也有如此波涛汹涌的一面。不用着急去质疑答案的正确性，因为内心深处的向往，往往是你最压抑的欲望。你准备好了吗？要诚实面对自己，本书将是你的心灵之匙，开启你内心的神秘世界。

目录

第一篇　自助：从心成长的"五步法"　　001

第一章　一个积极的视野　　002

第二章　两个幸福的双翼　　009

第三章　三种成长的理念　　022

第四章　四种思维的方式　　030

第五章　五维幸福的模型　　040

第二篇　互助：走向快乐的"五关"　　053

第一章　关心：探索心理期待　　054

第二章　关系：创造和谐互动　　061

第三章　关照：照射已有资源　　067

第四章　关注：小步进展线索　　073

第五章　关键：建立互助团队　　079

第三篇　团助：团体心理素质训练　　087

第一章　团体心理素质拓展操作示例　　088
第二章　团体心理素质拓展操作过程　　098
第三章　团体心理素质拓展比赛模板　　108

第四篇　即学即用：班级管理常用心理教育模板　　119

第一章　新生适应团体心理训练　　120
第二章　班级建设团体心理训练　　129
第三章　人际关系团体心理训练　　138
第四章　自我成长团体心理素质　　146

第五篇　活动篇：素质拓展中常见的游戏　　155

第一章　破冰游戏　　156
第二章　心理游戏　　182
第三章　团体游戏　　228
第四章　拓展游戏　　245

参考文献　　280
后　记　　283

第一篇

自助：从心成长的"五步法"

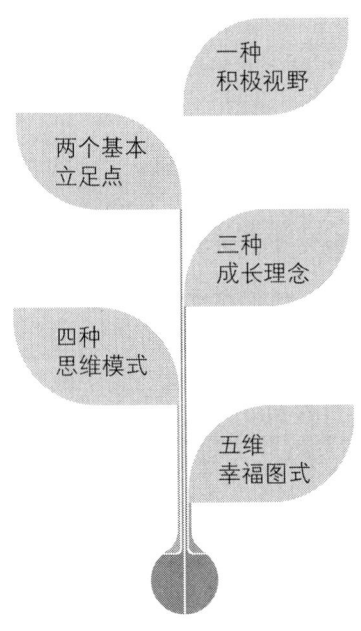

一种积极视野

两个基本立足点

三种成长理念

四种思维模式

五维幸福图式

第一章　一个积极的视野

> "积极"是一种视框，学会换个想法或者转换看问题的视角，练习正向积极地思考问题，有助于促进心灵的成长及幸福感的提升。

❈ 心理导航

【生活现象】

※ 我大多数时候和父母、同学关系相处得很好，在生活中也是这样，处于一种很快乐的状态，但偶尔也会不开心。我明知道这样不对，但不知道怎么办？

※ 我特别羡慕性格外向开朗的人，这样的人朋友很多，看起来很快乐。我觉得自己性格比较内向，这样不好，我想改变一下。

【正向心理】

第一段叙述中，这位同学有哪些正向的特质？"大多数时候和父母、同学关系相处得很好"，说明该同学拥有很好的人际关系；"处于一种很快乐的状态"，快乐的人把好的情绪与人分享；"偶尔也会不开心"，不快乐的人则把好的情绪压制在内心，潜意识渴求更多的关爱，"我不开心，我需要关心"；同时让不喜欢自己的人离自己远点，"我正烦着呢"。所以，快乐的人点亮自己，也让身边人开心，但恰到好处的不快乐可以控制局面，控制喜欢你的人。无论快乐和不快乐，都是生命中的一部分。

第二个事例，"性格内向"的同学其实有很多很好的品质，比如谨慎、心思敏锐、情感丰富、思维深刻……每个人都有一套自己的心理系统，一旦打破就会失序或心理失衡。我们建议他要外向些，这会让他陷入更为焦灼的状态，积极心理教会我们要欣赏这些特质，这会不知不觉强化了力量，让他们发现自己独特的人格，从而成长为一个更好的人。

理论简析

【知识分享】

一、存在主义观点

首先，白黑要学会共存。正向积极并不意味着只是赞美、欣赏和鼓励，同时还包含对困难和问题的接纳。存在主义的心理学认为，白黑是共存的。我们要避免粗暴积极，为了取悦而夸赞他人，因为这种取悦是一种对问题的回避。我们要学会对人生的经验保持敬重，对人生的真实带着体谅，对生命的困境保持理解和接纳。我们总习惯用强势来掩盖内心的脆弱与问题，其本身就是对自己的不接纳和不认同，这只会让自己陷入自我否定之中，由此形成恶性循环。所以，**要想内心强大，先要接纳自己。**

其次，白黑中看到更多白。即学会发现优势和例外的经验，正如一张白纸有个小破损，但并不影响这张纸的使用，前提是要看到完好的部分。

再次，白黑中不断发展白。有些心理困扰就像胎记，可能会一直存在。可怕的并非困扰本身，而是执着解决困扰的心态。比如"抑郁"的同学，反复治疗可能情况会更加糟糕，而放松心态，带着这份善良和自我觉察积极生活，大多数人没过多久就好了。

最后，白黑中学会欣赏黑。许多失眠的人之所以会失眠，其中多半的原因是拒绝甚至害怕睡不着，因为对失眠的担心所以引发失眠。假如带着体验的角度来理解睡不着，自然就会睡得更好。

二、建构主义观点

建构主义的哲学观认为，现实是被发明而非被发现的，这就意味着我们每个人都是根据自己的经验来建构世界的，构建世界的过程是一个心理过程，这发生在我们的大脑中。比如，"不善言辞"，可以建构为性格内向，也可以理解为"智者，讷言敏行"。曾经，一名前来应聘的学生在回答主考官问题时，表现为手足无措、额头出汗。结束时，评委们在讨论，得出两种完全不同的结论：有评委认为这名同学心理素质太差，容易紧张；也有评委认为应该录用这名同学，理由是他因为重视这次应聘，对单位有认同感，所以才会紧张。到底哪一个是真实的？这就是建构主义基本思想。

我们要经常训练自己用正向积极的观点来解释一些现象，那么我们就会越来越阳光。

三、阴阳辨证观点

《道德经》中的"道可道，非常道"可按太极的方式断句，即"道可，道非，常道"，其意思是，一个人有优点也有缺点，这是正常的事；有人说你好，也有人说你不好，这也是常态。正如白天和黑夜，有白天就会有黑夜。一个学生"迟到"了，大多数人只是关注"迟"了，其实我们更应关注"到"了。这是一种将意识进行调焦的过程，意识就像手电筒里的光，我们把光束照到哪里，哪里就能在黑暗中被看见。对有心理困扰的大学生而言，他们的光束常指向问题，其余都在一片漆黑之中。

正如一个刚刚和父母产生冲突的大学生，感觉到被父母责骂是令人伤心的事。运用阴阳辨证观点我们就会懂得，亲人为什么要批评我们？其实批评，是一种无法言说的爱。理解了批评背后的动机是爱，看到父母对子女的深情，**手电筒的光束照得更宽了，就增强了意识，看到了"问题"另外一面**，也就更加积极乐观。

用积极的语言回答就会拥有积极的心态,黑人司机载了一对白人母子,孩子问:"为什么司机伯伯的肤色和我们不同?"母亲答:"上帝为了让世界缤纷,创造了不同颜色的人。"黑人司机感动不已,他说:"小时曾问过母亲同样的问题,母亲说我们是黑人,注定低人一等,如果把她的回答换成你的,今天我定会有不同的成就。"

四、心理视框观点

心理视窗是一种注意力理论。我们走在路上,会看到很多不同的人和事,但只有有限的事物才能进入我们的视野。换句话说,只有被我们注意到的,才会被我们所看见,这就是心理学的视框。

不幸的是,我们都是注意问题、发现缺陷的高手。因为现代社会是由工业社会发展而来的。在工业社会,一个人要照顾很多机器,只有坏了的机器,才需要特殊的关注和修理。因此,我们都长着一双发现问题的眼睛,但我们总是挑剔自己及他人的毛病、缺点和不足,而对于优点往往视而不见。一些优点,没有被及时关注就会慢慢消退,为了引起他人的关注,问题行为会越来越多,用行为主义观点来解释,好的行为没有得到强化,是难以形成习惯的行为。

技巧分享

白黑共存时关注白

阴阳太极图犹如黑白两条不停游动的鱼,关注白鱼时黑鱼小,反之亦然。心理与行为的改变可以减少黑的部分"入手",这是一种矫正的模式,更为可取的做法是关注白色的部分。

注意困难时,内心会充满一种无助与挫折感,关注期待就会找到改变的方向:"为了成为一个更好的人,你做过哪些努力?"

◎ **好坏并存时关注好**。

关注做好的时候,不是一直关注做得不好的地方。即使正处于低潮,我们也可以通过这样的方法来正向关注。

"我们做了什么,没有使情况变得更糟?"这样可以找到解决问题的资源与能力。

◎ **关注例外正向改变**。

变是绝对的,总有问题不发生或问题比较不严重的时刻,这就是所谓的例外。例外往往是一种正向积极的能力及资源所在,可以导引出解决问题的方案。

"在过去有没有不那么焦虑的时刻,那时是怎么发生的?"这就提供了一种力量。

◎ **构建关注正向积极**。

构建是我们对生活世界的解释。换句话说,一个人透过本身的经验,形成对外在世界的理解,面对同一情境或行为,不同的视角建构不同的意义。

某两名学生在食堂看到老师,主动和老师打招呼,老师却没有回应。一学生将老师的反应理解为"老师可能没注意到我",另一学生可能会理解为"老师故意不理我"。这两种构建会带来两种不同的反应。

◎ **进行正向积极转换**。

当我们关注自己的问题、挫折及困难时,内心会充满无助、无望和无力感。

"我不想这么烦恼"所带来的负面情绪会给我们一种挫败感，假如转换为"我希望过一种更快乐的生活"，就会变得更有希望感。

心理训练

【自我训练】

积极心理自助，聚焦正向解决

某学生学习及生活压力大，可以运用以下方式进行自我调适。

第一步：将注意力放在目标。

假如自我调适好了，压力不大时，我会做些什么？（即希望达成什么样的目标？要具体、可行、积极和正向）。

第二步：将焦点聚焦在未来。

我期待的状态是一种什么样的状态？我的学习、生活及人际关系有什么不同？

第三步：关注过去更好例外。

过去遇到这种情况，是如何处理的？

第四步：探讨例外发生因素。

过去处理得很好，自己当时做了什么？那时的情境是怎样的？

第五步：开展行动发生方案。

制订相关的实施计划，从一小步开始，使用曾经用过的方法，不断变更好。

第六步：注意发生好的进展。

经常关注微小的进展，思考现在和过去有什么不同。

互动拓展

寻找正向资源

假如你是辅导员或团体领导者,可以将成员分组;然后根据这段话,寻找陈明同学五个以上的优势及正向资源。

陈明是一名大学二年级的学生,他来自农村,性格较为内向。他最近感到郁闷,因为和平时自己要好的室友闹了矛盾。他觉得这样不好,他想改变。

第二章　两个幸福的双翼

> "自我成长"与"学会欣赏"构成心灵幸福的两个双翼。当自己成为更好的自己，同时学会欣赏，循着这两条路径，心灵的世界与外在的世界都是美好的，由此创造幸福并赋予生命的意义。

一、自我成长：成为更好的自己

安全感从来不是外面的，而是自己内心的。有效的做法是，将目前想要做的事情进行排序，从中抽取一件最迫切又较容易实现的。行动总比想法更具有创造力。通过行动达成和满足内心的愿望，终将获得内心的宁静。

❉ 心理导航

【生活现象】

※ 来到大学后，天南地北的同学同居一室，在一个狭小的空间里，有的同学深夜看小说、打游戏，有的同学大声说话，影响我学习和休息，我该怎么办？

※ "我为什么经常不开心，"晓芳（化名）说，"你知道吗？现在每天三点一线，教室、寝室、食堂。郁闷的时候经常没有人来陪伴我，有时候真的想有一个人陪我说说话。在我需要的时候，父母及好朋友却不在身边。或许是长时间和父母分离和不断地争吵，感觉与父母的关系越来越远，都觉得彼此带来的只是内心的孤寂与痛苦……"

【正向心理】

　　从第一名同学的情况来看，他应把注意力多放在自己的内心体验上，探索自己是如何对待这个世界的，因为"改变他人，是一场毫无希望的战争，我们所能做的就是改变自己"。让自己不断成为一个更好的人，许多冲突是因为把责任归因为他人，当你开始改变他人的时候，就会陷入烦恼之中，冲突和责难取代亲密与分享。一旦室友变得难以共同生活，心里是很难受的，变得各走各的路，本应亲密无间却伤痕累累。聪明的人会尊重彼此的界限，一旦心灵空间得到了滋润，心也就懂得爱与珍惜。

　　晓芳在电话里倾诉的时候，我能感受到各种复杂情绪糅杂在一起的无助，也许是因为沉浸在各种负性情绪交集之中，有时候她并不清楚自己真正需要什么。

　　在现实世界里，我们每个人都是爱的"饿鬼"，都是嗷嗷待哺的孩子，我们都张大嘴巴渴望爱，渴望与爱有关的一切抚慰、支持与希望，我们对被伤害非常敏感。建议晓芳经常要这样想"可以做什么让困扰不再继续下去？"这是很有力量的思维模式。我相信，晓芳终有一天，会勇敢地用爱的语言表达内心的情感，如她能对家人说："我感到孤单，我渴望你们的爱。"我相信，爱的语言会慢慢融化心里这堵墙。

📖 理论简析

【知识分享】

一、学会突破自我

　　当我们充满情绪时，就会变得无助，失去目标。要学会做梦，我现在的目的是什么，我想变得怎么样，我这样想是情绪在作怪还是理性在"闪光"？

选择什么方法才能达到这样的目的？

同时要学会承担责任，自己为自己负责。人生中所面临的一切都是有意义的，都有助于提升自己的素质。例如寝室里太乱，影响看书，这时不应抱怨，而是要做一些事，让自己变得更好一些。

每个人仰望天空的时候，内心充满爱和慈悲，充满智慧和力量。时刻想着要选择最佳、最棒、最有效的方法解决问题。

假如以上三步，我们还只是理性知识，不妨请你进行练习：内心放松，闭上眼睛，然后伸出右拇指，轻轻地说"我想锁定目标"，再举起右拳说"我要自己承担责任"，最后仰望天空在心里说"我定要选择最佳、最好、最棒、最有效的方法解决问题"。

二、追求自我成长

外面的世界没有别人，只有自己。科研人员进行过一项有趣的心理学实验，名曰"伤痕实验"。

他们向参与其中的志愿者宣称，该实验旨在观察人们对身体有缺陷的陌生人作何反应，尤其是面部有伤痕的人。每位志愿者都被安排在没有镜子的小房间里，由专业化妆师在其左脸画出一道血肉模糊、触目惊心的伤痕。

志愿者被允许用一面小镜子照照化妆的效果后，镜子就被拿走了。关键的是最后一步，化妆师表示需要在伤痕表面再涂一层粉末，以防止它被不小心擦掉。实际上，化妆师用纸巾偷偷抹掉了化妆的痕迹。对此毫不知情的志愿者，被派往各医院的候诊室，他们的任务就是观察人们对其面部伤痕的反应。

规定的时间到了，返回的志愿者竟无一例外地叙述了相同的感受——人们对他们比以往粗鲁无理、不友好，而且总是盯着他们的脸看！可实际上，他们的脸上与往常并无不同；他们之所以得出那样的结论，是因为错误的自我认知影响了他们的判断。这真是一个发人深省的实验！

你的内心，塑造了外在世界。一个人内心怎样看待自己，在外界就能感受到怎样的眼光。若我们觉得自己面目可憎，我们就会认为别人也是这么认为的；若我们觉得自己有缺陷，我们就会认为别人也会非常在意我们的缺陷。同时，这个实验也从侧面验证了一句格言："别人是以你看待自己的方式看待你。"不是吗？

三、爱自己爱他人

健康人应有一份对自己健康的爱，能自如地滋养自己，做更好的自己，我们还是要回到自己的内心，通过改变自己来获得成长和安全感。让自己成为更好的自己，只有这样才能更好地助人。

网上有人提问："如果一个人掉进水里，周围只有你一人，而你又不会游泳，该不该跳下去？"许多网友说："不该跳。因为你不会游泳，若是跳了，你不但救不了他，而且你也要像他一样找人来救你。最好报警求救，尽量想出一切办法，看看周边有没有一种放在水中会漂浮的东西放给他骑、抓，拉他上岸。"

四、花香蝶自来

要想影响他人，不是去改变或控制，而是要让自己成为更好的自己，这样，他人就会追随自己，自然就会产生一种影响力。

在阳台上种植的蔬菜瓜果，长势喜人，鲜花盛开，开始有蜜蜂、蝴蝶环绕。很神奇，在老城区的七楼，蜜蜂、蝴蝶是怎么来到七楼找到花朵的？花香蝶自来！情同此理。

在辅导过程中，如果来访者愿意，会请他顺便为咨询师倒上一杯水，并真诚地向他表示感谢。心理辅导最好的方法，就是让他感觉他在帮助他自己，以及请他尽他所能来帮助你。这是富有生命气息的关怀，这种隐喻会令来访者产生灵性的自我联结。

💬 技巧分享

☀ 接纳自己的负面情绪。

消极情绪是为了保护我们，让我们活下来，而积极情绪是为了让我们活得更好。面对负情情绪，我们要学会接纳，而不是控制，越控制越失序。

就像失眠，要想解决，却又睡不着。按照医学观点来看，人若是生了病，就应该想方设法去治疗，这也许是我们大多数人的看法，但对某些心理障碍者，这样做不仅不能起到治愈的作用，甚至会加重症状。尤其是追求完美的人，行之有效的方法是做到内心放松，带着症状去生活，顺其自然，不去治疗可能会自然治愈。

心情不佳时，这样做可以挽救负面情绪。

首先，即时与随性，心情有了状况，逮到时间就提笔把想法如实写下来，用"你"第二人称，如"你难过"；

其次，强调感觉，写出情绪感受，会减轻焦虑感；

第三，重新定义，也就是为情绪进行新的诠释。除了这个负面角度，还有其他的可能解释吗？就能帮助自己跳出情绪泥沼。

不再将问题归因于他人。

有人说，假如我学业上没有困难，我就好了。

曾有一个来访者，电话接通后，失声痛哭。在断断续续地倾诉中，她说她的快乐被学业毁了。其实真正让她不快乐的，并不完全是学业，也有她面对困难所采取的应对方式。我建议她要试着在生活中尽量把焦点放在自己身上，找一种喜欢的、跟身体有联结的方法去休整。

许多人认为，因为某件事，我才痛苦。事实上，事情的确对我们的生活产生重大的影响，但对我们影响更大的是对这件事情的看法，这才是引发痛苦的根源。

心理训练

【自我训练】

照顾自己的日记

（一）可以买一本日记本，假装这本日记本是用特殊的材质制成的，只能写下我们一天的优势、能力及资源。

（二）关于自己的缺点、不足以及没有成效的做法都是没有办法写上去的。

（三）每天晚上都花费一些时间以这样的方式来思考一天的成长与进步，并将其写在本子上，看看会有什么不同。

互动拓展

成为更好的自己

请在五分钟内连续写出二十个"我是谁"的叙述句,这些句子是为你自己而不是为别人写的,不必多加思索,想到什么写什么。

20个我是谁

◇ _____

◇ _____

◇ _____

这个自我探索来自塞斯顿的人格测试,目的是通过一个人对自我的描述,试图对其人格进行分析。这可能需要我们用一辈子的时间去探索,了解自我。

看看有多少是积极的,多少是消极的。该如何改善?

二、学会欣赏：拥有正向的情感

欣赏，既是心理自助技术，又是一种生活态度；是生活的智慧，也是自我成长的路径。"你是怎么做到的？"这是一种自我赞美。学会欣赏，生活将更美好。

❋ 心理导航

【生活现象】

※ 当我们善于发现积极特征、美好的品质以及相关的优势时，就可以迅速拉近人与人之间的距离。举例来说，同学们在努力学习时，我们可以这样欣赏他们："你们这样为梦想而努力的状态，很值得我们学习。"

※ 一个同学失恋了，情绪很低落。我们也可以欣赏他："在这么难的情况下，你都支撑了过来，你是怎么做到的？要是我，说不定还没有你这么坚强。"这种赞许性的话语是一种有力的支持和振奋性的鼓励。

【正向心理】

欣赏一个人时，可以直接说出"我很欣赏你的勇气"，也可以用他人的语气来欣赏："你的中学同学说，他很羡慕你。"这样的欣赏具有实践性和可操作性，有助于提升我们的关系，这是一份有力的支持。

在一个人困难的时候，也是可以进行欣赏的。可以肯定对方为了成功而隐含的力量，比如说："在这么困难的情况下，很多人早就放弃了，你总是能找到解决困境的办法"。

欣赏是很有力量的，就像一种魔法香水，能够散发出难以想象的感染力！尤其对于身边的人来说，更能促进正向积极的关系，激发对方的自我价值感，促使对方绽放生命中最美好的部分，拥有更多的正能量。

📖 理论简析

【知识分享】

一、直接欣赏

毫无疑问，就是直接表达自己对对方的欣赏，比如说："你上次和同学们讨论一个问题时，很有思想。"

我们要学习从不同的角度来看待一个人，比如学习好的，可以欣赏他成绩好；学习不好的，可以欣赏他坚持不放弃；说话多的，可以欣赏他性格开朗；说话少的，可以欣赏他善于倾听。

比如说："从你的努力中，我可以感受到你一直希望改变自己的状态，而你并没有停留在自己的想法上，这给我的印象特别深刻。"

二、他者欣赏

就是引用与对方有关系的人，说出对他的欣赏。这样可以扩大对方的人际交往，也可以避免直接欣赏所带来的尴尬。

如果你好朋友知道，你这么努力，你猜他会说些什么？这可以引发深度思考。这是一种他者欣赏，这个案例里也涉及间接欣赏，以问句的形式出现，引导当事人思考"生命中重要他人"，可能对他的欣赏，让他感觉到自我价值。

"我上次遇到你的中学同学,他提到你,说你在读书的时候非常努力。"这就扩大到其他场景或人,带给人更多的想象。

还可以思考生命中的重要他人的正向评价,比如"你爸爸知道你这么努力,会如何欣赏你";"假设有一天你成功了,你会多开心,最欣赏你自己什么地方?"

三、自我欣赏

当对方有成功经验或是有进步时,通过我们对它的自我欣赏问话,不但可以协助他体验这个过程,还因为他会回想自己是怎么做到的,可以进一步让他拥有自我价值感,提升自信心。

一个压力大的人是难以觉察已有的力量和资源的。通过正向关注,可以激发他内在的能量。

"看起来的确非常艰难,在这么艰难的日子里,你是怎么撑过来的?谁给了你有效的支持?""在这么痛苦的情境下,你是怎么做到自我照顾的?""看来你已经尽了力,这么难的情况下你没有选择放弃,是怎么想的?"

技巧分享

"欣赏"二字上的学问很深,欣赏别人能拉近彼此的距离,但这是一门易学难用的技术,让我们一起学习掌握相关的技巧,学会欣赏。

- **无条件,没有期待。**
  只是单纯地表达你的欣赏,而不要求对方做出改变。
- **与自我比较的欣赏。**
  很多时候,生活的美好是在自己跟自己比的过程中创造出来的。如这次比上次进步了 10 名。

◉ **具体的欣赏**。

欣赏一个人，不要笼统地说"哎呀，你真棒"。这不仅显得敷衍且没有水准，更暴露了词汇的局限。我们要指出对方具体怎么好，好在哪里。细节的欣赏最能打动人，更具有力量和说服力。

◉ **可以改变的行动**。

社会心理学家曾做过一个欣赏的实验。一开始，给每一个孩子一份相当简单的试题。随后，研究人员告诉所有的孩子他们的得分，并附上一句六个字的表扬。一半的孩子收到的表扬是欣赏他们的智力（"你肯定很聪明"），另一半收到的表扬是欣赏他们的勤奋（"你肯定很努力"）。紧接着，孩子们可以在一份较难的试题和较容易的试题中进行挑选，结果勤奋组的孩子 90% 选择了难一点的试题，智力组的孩子大多数选择了容易的试题。之后的几轮测试则都陆续增加了难度，勤奋组的孩子钻研学习与试题有关的知识，尝试解题，而智力组的孩子开始讨厌难的试题。最后，回到跟一开始同样难度的试题，勤奋组的成绩提高了 30%，而智力组的成绩下降了 20%。这样的结果都源于六个字的表扬。实验者对此惊讶万分，于是又做了五次同样的实验，每次的结果都一样。

同样是一句欣赏，但得到的结果却是天壤之别。仔细体味一下，我们可以发现：对于"勤奋组"的表扬是肯定他们付出的努力，而对于"智力组"的表扬则是称赞他们的智商。也许这正是很多从小被称赞聪明的小朋友最终离成功越来越远的原因。

◉ **深刻了解的欣赏**。

如一个人一直努力迎考，我们欣赏他这方面的努力，会令对方开心。

◉ **真诚而坚定的欣赏。**

我们的目光、语气、态度及表情都要一致。

◉ **符合文化的赞美。**

如一个难以做决断地人,我们可以欣赏他是一个谨慎的人。

◉ **符合对方目标的欣赏。**

假如一个人写了一篇只有几句话的"作文",你欣赏说:"哇,将来你一定会成为文学家。"这样的话,你自己都觉得言不由衷,对方自然会觉得莫名其妙。假如你说:"你曾写过'树儿被风一吹,像欢迎客人一般地点头',我特别喜欢这句的拟人手法。"这样具体而细节的欣赏,可以为对方指明方向。

心理训练

【自我训练】

积极想象及有效行动

你可以想象自己在一个非常开心的状况里,比如是和室友共处或是在工作上得心应手的时候。用30秒到5分钟的时间,让这种积极情绪包围自己,使之在体内流动。

经常做这个练习以后,你甚至不需要再去想象什么情景,就可以把幸福、宁静或是欢愉等积极力量引发出来。要经常去重复这个练习,因为深刻的改变不是一天两天的事,重要的是要把你的活动规律化、习惯化。

1. 从容易的入手。不急着做大的决定。在小的方面做承诺。满意,自信是最大的。

2. 每天必须做一件事。

3. 每天不做一件事。

4. 不要积累太多未完成的事。每件事都会吞噬你的能量。

5. 有决定胜过没有决定。做总比想象更能提升信心。

6. 带着问题积极生活。

互动拓展

背人"八卦"

这个活动，可以在寝室，也可以在班级活动中进行。

1. 四人一组，先简单轮流交流和分享，其他三人认真地记录发言人的优势、力量及值得学习的地方。

2. 然后请他背转身，轮流反馈（他的优势、力量及值得学习的地方）。

3. 被欣赏的人不做任何回应，只真诚地说声"谢谢"。

4. 最后一起讨论欣赏的意义与价值。

第三章　三种成长的理念

> "先情后事，先己后人，先道后术"是心智成熟、心理健康的三种基本理念。我们即使对心理学一无所知，也能成为幸福的人。

心理导航

【生活现象】

※ 当同学冒犯了自己，我们大多会气急败坏地指责，但往往事与愿违。

※ 有人言辞迫切，说需要心理老师的帮助，他需要的不是我，而是理解、爱与尊重。

【正向心理】

北风吹得越大，路上行人把外衣裹得越紧；而太阳暖暖地一照，行人自己就把大衣脱了。所以越指责和强求，人们越不愿意改变。这个道理极为简单，可做得到的人又有几个？解决一个问题，就是处理一件事情，而解决问题的路径是先情后事。

每个人在具体的时空里，都是最好的自己，我们坚定地相信，爱是最大的温柔，一个人的心灵始终要有爱的滋养，不被打击自尊心才能优雅地成长。爱是一种积极的、富有创造性的、崇高的人类精神和行为，它是人类精神进化的结果，是心灵健康最根本的体现。

理论简析

【知识分享】

一、先情后事

沟通的目的是要和他人建立关系，是让人际关系变得更亲密，而不是要去解决事情。当双方建立了感情，事情的解决也就顺其自然。就像谈恋爱的人，先是建立关系，然后牵手、结婚、生子，一切都是顺其自然的。解决事情也是一样，应该是先情后事。

这一现象，心理学上的期待效应已经得到了验证。

> 心理学家来到一所小学，他们从1到6年级中各选3个班，在学生中进行了一次"发展测验"。他们以十分赞赏的表达方式，将班级里很有潜力的学生的名单告知相关老师。8个月后，他们又来到这所学校进行回访测试，结果表明之前潜力名单上的学生，成绩有了非常明显的进步，而且性格也变得更开朗，自信心更强，求知欲和学习兴趣也显著增强，与同学和老师的关系也特别融洽。事实上，这份潜力名单上的人是随意挑选的。

期待效应告诉我们，对一个人传递积极的期望，就会使他进步得更快，发展得更好。

情感关系是心灵成长最重要的精神营养，一旦从周围人身上获得情感的滋润，内心就会变得丰富起来。

想起在中学时，我们愿意多花时间在哪门功课上，不是因为这门学科多好玩，而是因为这个老师和我们关系很亲密，老师信任并尊重我们，我们内心会产生一种强烈的情感反应。

换句话来说，我们更愿意主动追随他，听从他的建议。

假如我们去服务窗口办事，我们总是倾向找和颜悦色的人，我们喜欢他们，他们也会喜欢我们，办事成功的概率自然会很高。

二、先己后人

当我们开心的时候，外界的一切在我们眼中就会是可爱的；当我们烦恼的时候，外在的世界也会混乱不堪。很多人生活得没有规律，睡得很晚，不停地刷手机会消耗大量的精力。我们需要花点时间更加专注自己的状态、照顾好自己，恢复正常的生活规律。

我们要学会照顾好自己，学会及时调整自己的情绪，只有自己有了更好的状态，他人才会有更好的状态。

我们从来不相信，一个不热爱自己的人会真的持久地热爱生活、热爱他人。往往是，一个懂得自爱与自尊的人，才会真的始终如一地热爱与自己相关的一切。这种热爱表现在生理上，便是年轻和动人，从生理学角度来看，微笑对人的外貌和性格会产生内在的影响。通常，一个具有爱的能力的人，懂得照顾好自己，并有能力负责任地去爱他人。

> 当我们在飞机上，空姐总是会提醒我们，如果有意外发生，要先给自己戴上氧气罩，然后再照顾身边的孩子。

让自己成为更好的自己，就要有效地行动，比如运动和爱。

运动在某种程度上是精神和医生的理想药物，尤其是对抗焦虑具有重大的作用，因为运动能释放神经递质多巴胺，它是使人幸福和愉快的激素，做一轮运动就像吃一点百忧解。

积极的行动可以形成良性循环。心理研究表明：一个人只要体验一次成功的快乐，便会产生喜出望外的激奋心理，从而增强自信心，这又使其去追求更高层次的成功，即形成"成功——自信——又成功——更自信"的良性循环。在社会心理学中，这种心理现象被称为"幸福强化效应"。

我们要在助人的行动中获得幸福。心理学不是玄学，学习之后一定要积极运用，要去传播和帮助他人，在帮助他人中获得幸福的体验。老师备课时的效果是最好的，因为总想着怎么去分享给学生听，带着助人的心态去工作，这就是一种积极愉快的情绪。

通过对别人的帮助来获得自己存在的价值感和成就感，一旦得到积极的肯定及爱的回馈，这会持续激发我们向善的动力，这也是社会良性互动的基础。在助人中获得快乐，在互助中体验幸福。

三、先道后术

"道"既是指"道路"，也是指"不可言喻的人文关怀"。从道路来说，这是一个隐喻。我们要到哪里去？我们与人沟通的目的是什么？一位同学因为父母难以沟通，不断与父母对抗，导致与父母的关系越来越僵。这种感觉就像用批评的方式关心孩子，只会让关系越来越疏远，爱也变成了伤害。

对我们来说，最重要的就是有人陪伴在身边，体会到有人和我们在一起，共同面对困难。陪伴与倾听，能够使人感到温暖、关心和稳定感。在无助时，当我们感受到自己被听到了、听懂了，内心就会充满力量。

我们在学生时代，要学会对身边的人好一些，更温暖一些，因为他们将来会遇到很多困难。学生时代的情谊与温暖，可以抵御人生路上的风雨。希望所有的人，将来内心都有一个温暖的角落。

一位人本主义治疗师为我们提供了一个很好的范本，他是所有流派中建立咨访关系的大师，这种重视咨访关系的治疗风格很早就展现在了他的生活中。

小时候，在他家的农场里，有时马会跑到外面，工人们要花很大力气将它们拉回来，因为马的力气很大，所以通常得几个大人一起拉一匹马才行。但幼小的他一个人就能将一匹马拉回马厩。他发现，马这时的"逆反"心理很重，人们拉它向西走，它就会努力向东走。那么，何不将它朝东拉呢，这样它会自动向西走。

果不其然，当他将马朝马厩相反的方向拉时，马反而努力向马橱退，这时只需要用很小的力气就可以令它们回到马橱了。

可以将症状理解为这个故事中的马，咨询师可能会辅导对方消除及控制症状，但有些症状你越是控制可能越失序，最好的办法是合作而不是对抗。

另一次，这位人本主义治疗师去治疗一个有被迫害妄想的精神分裂症患者。治疗师进入病房时，该患者正在窗户上钉钉子，他认为这样就可以防止敌人攻击他。治疗师和他一起钉钉子，而且比他还认真。钉子钉好后，治疗师建议他把地板中的缝隙也缝起来，那样敌人就彻底没机会了。接着，治疗师建议他和医院的医生护士一起加强医院的防范工作，不断扩大他的安全范围。这个患者一一接纳，随着工作的不断进展，他的防备范围——同时也是活动范围不断扩大，而他也逐渐从与世隔绝的孤独中走出来。

这是一个极为精彩的个案，诠释了"先道后术"的人文关怀的至高境界。

技巧分享

训练共情能力。

学会清空自己的状态，将自己的呼吸调整到与对方一致，与对方的情绪产生共振。对方无论是悲伤，还是失望，都能准确地感受到。要做到这一点，需要训练。可以两人相对而坐，一个人讲一个无声的故事，让另一个人来猜，这样的练习可以提升聆听及共情的能力。

☀ **学会换位思考。**

换位思考是一种共情。有人用嘴说话，有人用心说话，有人用身体说话。用嘴是讲道理，用心是共情，用身体是影响力！

☀ **把别人当自己。**

要深刻理解他的感受，安慰一个哭泣的人，最好的方式不是说"不要哭"，而是说"你一定很痛苦吧，想哭就哭吧"，或者"我陪你一起哭"。

☀ **细节建立关系。**

我记得2008年在汶川做心理援助的时候，我完全放弃了自己的专业，就是和灾民聊天、拉家常，甚至和小朋友一起做游戏，结果赢得了当地群众的信任，因为建立了良好的关系，所以辅导进行得很顺利。

☀ **不断由浅入深。**

这与我们学会游泳的过程特别类似。我们也是从脚趾头轻轻地沾一点水开始，然后才将整个脚掌伸入水中，紧接着才是一条腿。此时，你带着对水的恐惧和好奇开始跃跃欲试了，终于有一天，你学会了游泳，并享受畅游的快乐，发现水是温暖、友好和滋润的。

☀ **了解他人需求。**

比如一个老奶奶站在马路边，如果对方不想过马路，我们以为她要去过马路，就强行把老奶奶拉过去，结果老奶奶会很愤怒，我们也会很辛苦。所以，我们要学会倾听对方的需求。

☀ **接纳所有缺憾。**

我们许多人都看过老式电影里流沙河的场景，在流沙河中越挣扎陷入得就越深。最好的应对方式，就是平躺在上面，这样才有可能避免陷下去。

有些沉迷于网络的同学，就是通过逃避到网络虚拟的世界里去来弥补现实无法获得的快乐；也有些人总和自己过不去，立誓要让自己变成一个完美的人，消灭所有的缺点和不足，结果问题没有被消灭，却引发更大的问题。

心理训练

【自我训练】

积极休息

生活越来越忙碌，学会积极休息很重要。

先保持一个舒服的姿势，或躺或坐，如坐着最好不要双腿交叉造成压迫感。

然后，伸出一只手，把注意力转移到这只手上，呼吸时想象气流从手指开始进入，感受能量从手指流动到体内的过程。

不必去做任何分析，偶尔走神也没有关系，所有的感受都是真实的。从手指到脚趾，尤其是想象抽象的脊柱，随着呼吸的节奏而有韵律地起伏，那种感受真的美妙极了。

一般而言，做完一次练习就会睡着，这时的休息效果会很惊人，只需要睡上几分钟就好像会有无限的精力恢复。

互动拓展

学会倾听

1. 让学生体验心静的感觉，学会集中注意力，懂得聆听。
2. 用心感受，通过眼神和身体接触（如手、背）彼此间传递及交流信息。

一、**活动时间**：大约需要20分钟。

二、**活动道具**：《天籁之声》的音乐。

三、**活动场地**：以室内为宜。

四、**活动程序**

1. 将同学分成两组，围成两个同心圆，里圈和外圈的人面对面坐好。轻轻地闭上眼睛，做5个深呼吸，慢慢地放松，静静地感受来自周围的声音……2分钟后睁开眼睛，交流听到的声音；

2. 让里圈和外圈所有的学生面对面坐好，轻轻地闭上眼睛，做3个深呼吸，聆听《天籁之声》，慢慢地睁开眼睛注视对方，默默地去体会对方此时此刻的心情和想要表达的心境……

3. 让里圈和外圈所有的学生面对面坐好，轻轻地闭上眼睛，做3个深呼吸，聆听《天籁之声》，慢慢地伸出双手与对方的手轻轻地贴在一起，去感受对方要传达的信息……

4. 让里圈和外圈的所有学生背对背坐好，轻轻地闭上眼睛，做3个深呼吸，聆听《天籁之声》，慢慢地背靠背，去体会对方通过背脊要传达的信息……

5. 一起交流，分享感受。

五、**注意事项**

1. 需要有非常安静、没有干扰的环境，只有在温度、湿度十分舒适的情况下，才能让人进入用心聆听、用心说话、用心体验的境界。

2. 本活动的感觉是细微和敏感的，以同性别学生一组为宜。音乐的选择非常关键，以聆听大自然的声音为宜，如流水声、雨声、涛声、虫鸟鸣叫声。

第四章　四种思维的方式

> "接纳现实、关注未来、正向积极、小步行动"是解决困扰拥有幸福的基本思维模式。

心理导航

【生活现象】

※ 一位大学生向我抱怨，他的家人说会给他打电话，却一直没有打给他，这让他变得焦虑。

※ 流感来袭，你不幸感冒了，某同学建议你休息。你若认为"她对我真好，关心我的身体"，心中就会掠过一阵暖意，会对她心存谢意。你若认为"她让我回去？！无非是怕感冒传染给她。"你的心情一下子就会转阴，愤怒的情绪随即产生。

【正向心理】

在需要支持的时候，亲朋好友却无法及时伸出援手，这将是生命中最糟糕的经历，无异于使我们明白在这个世上拥有最彻底的孤独和悲伤，我们要采用一小步的行动，如户外运动，发展健康的人际关系等。

幸福也许在于培育对自己的爱，当我们表现不尽如人意时，可以通过体会忧伤来自我宽恕，或者转变认知。如"我不得不做"改为"我选择做"，因为你选择了这些事，我们的生活将变得和谐并充满欢乐，让爱主导我们的学习和成长。

📖 理论简析

【知识分享】

一、运用现实思维，接纳当下

现实思维就是遵循客观规律，因为失恋情绪低落，出现焦虑情绪是正常的反应。在现实中阴阳总是并存，有高兴就有痛苦，有完美就有缺憾，正如每个人都期待自己的人生像一张完整的纸，完美无瑕，可往往事与愿违。

事实上，每个人都会有这样或那样的缺憾与不足。有些人会不断盯住自己的问题，从而放大了困境与磨难，哀叹自己的不幸。我们应该看到这张纸虽有瑕疵，但并不影响它整体的价值。情同此理，我们不要做一个完美的人，要做一个接纳现实的人。

完美欲是人的天性，当完美欲被放到一个不恰当的位置时，它也可以变成完全不美的东西。对大学生来说，完美主义者甚众，对自我要求高，不断上进，但完美主义者是自我嫌弃的高手，也是挑剔别人的专家。

要知道问题不是问题，如何应对问题才是问题。每人都有不同程度的心理问题。然而有心理问题的人看不到这一点，总以为自己的问题是独一无二的，自己是天下最痛苦的人，总是感叹为什么不幸的偏偏是我，从而将问题无限扩大，并将它当作生命中最重要的事情，用一切资源去纠正它，这样一来，既封锁了问题又封闭了自己，从而又导致了新的问题。

心理学家布雷迪把两只活泼的猴子分别缚在两张电椅上，电流是每20秒激发一次。被电击的滋味当然不好受，它们开始嚎叫挣扎。然而，猴子不愧为灵长类动物，甲猴子很快发现，它的电椅上有一根压杆，只要在电流袭来之前压一下压杆，两只猴子就可免遭电击，否则要同时惨遭电击折磨；而乙猴子发现，它的电椅上没有压杆。于是，甲猴子背负着超强的心理负荷和责任感，紧张地估算着电流袭来的时间，于是甲猴子就背负着超强的心理负荷和责任感，而乙猴子虽然很无奈，却无忧无虑——最后，甲猴子得了胃溃疡，乙猴子却安然无恙。

心理学家解释说："当面对无法摆脱的困境而去做无谓的抗争，会引发更大的问题。"正所谓"焦虑不是问题，为焦虑而焦虑才是最大的问题！"

当然，也请大学生朋友不要误会，面对困难不是去挑战它，更不是逆来顺受。大学生心理健康教育的目的是让我们懂得：接纳生命中无法改变的痛苦，采取积极有效的行动去完善自己。简而言之，**接受无法改变的，改变可以改变的！**

二、培养时间思维，关注未来

我们要把目光放得更加长远，以多元的视觉来看待现在。如果把人生延伸来看，我们会发现每一种经历都是一种成长，每一次挫折都是一笔财富。比如来自贫困家庭的学生，相比之下会更懂得珍惜，因曾经的经历会成为有效经验，以知道怎么去应对当下的困难。

时间思维教会我们要接纳当下每一份苦痛，在未来看来都是很好的资源。 把目光放得更加长远，以多元的视觉来看待现在。

拿出一张白纸，然后随意画一个图案，并问他："你看到了什么？"他脱口而出："杂乱的图形。"我说还看到了什么，他说："黑色的笔迹。"我说还看到了什么，他努力思索，最后告诉我："没有了。"

你看到这张纸了吗？你看到这张纸的价值了吗？……

我们的世界，就是我们注意到的世界。如果我们注意到我们的不足，就生活在痛苦之中，如果注意到更宏大的系统，注意到局限之外的价值，生活将会是另外一番景象。

积极心理学家彭凯平教授说，面对内心的焦虑，解决它最好的方法，是再想一想，慢慢想，从不同的角度想，这个时候可能会好一些。如果不想也行，让自己的思维集中在让你开心的事情上，不去想这些烦心的事情，也会调整我们的心境。

我们把目光从困难所带来的伤害转向机会时，便会拥有更加积极乐观的心态去应对困难，由此获得更加幸福的心态。

有人在焦虑时，思维就会进入负面思维漩涡，也就是心理学所说的"灾难化思维"，一切都往最坏处想。我们要把这种暂时性的观念传递给我们求助者，尽管有时灾难突然到来的确是令我们猝不及防，我们所有人都会有焦虑恐慌的情绪，要相信被扰乱的生活只是暂时的。

三、训练积极思维，美好正向

积极心理学认为，每个人内心都有正负能量，我们进行心理状态的提升，不是要减少负性能量的部分，而是要增加积极情绪。学会在生活中不断寻找有意义的事情，发掘内在的资源。

情绪低落时，不是要试图控制负面情绪，而是要多做一些积极有意义的事情。生物的进化倾向于对问题及疾病的关注，人类的本性会倾向于对坏的信息更加注意，例如一筐苹果，人们总是会关注那个烂了的苹果，而对好苹果却熟视无睹，"好事不出门，坏事传千里"也是这个道理。

我们刚学习驾车时，有经验的教练要求我们目光盯着远方，而不是盯着护栏，因为害怕撞上护栏而盯着它，最后撞上的概率要大得多。

心理辅导是对正向积极资源加以关注。最基本的方法有负阴抱阳，也就是说消极事件里有正向积极的意义。比如焦虑是一种自我保护的情绪，而不快乐是为了保持一份私人空间，恰到好处的不快乐可以控制局面，控制喜欢你的人，我们就能接纳焦虑，体验不快乐的意义。**积极思维还要保**

持欣赏的心态，充满好奇心地发现微小的进步，只有这样才能找到正能量的部分。

"你是怎么做到的？"通过好奇地探询，发现在生活如此艰难的情况下，仍可以提升内在的能量。此外，辩证中的积极思维很重要，"想开了，就豁然开朗，想不开，就郁闷纠结"。比如无缘无故被人骂了，如果认为那个人是混蛋，必忿忿然；如果知道那个人是个笨蛋、是个傻子，同情心也就油然而生。

两个推销员到一个岛上考察，发现岛上的人都没有穿鞋。一个人说"这岛上的人还都没穿上鞋"，另一个说"这岛上的人根本不穿鞋"。这两个人是不同的视角，说"这岛上的人还都没穿上鞋"的人，他会乐观并相信向他们推销鞋一定很多人买；而说"这岛上的人根本不穿鞋"的人，言下之意，即使向他们推销鞋也没有人买。同样的事情，关注点不同，带来的心理反应自然不同。

要关注做对的部分，而不是做错的部分，进行积极正向思考。比如有人抱怨说："最近非常焦虑，真是糟糕透了！"我们可以转向引导他看到之前情绪比较好的时候，或者让他认识到焦虑的意义与价值。

为此，我们可以这样思考："也就是说，你之前的情绪状态是不错的？"

人类在进化过程中，发展了一种焦虑的本能，比如在远古时期，人类因为焦虑能更敏锐地躲避丛林里的毒蛇猛兽，我们现在因为焦虑，所以遇事会更深思熟虑，会在丰收的年份囤积粮食，以备荒年之需，这些都是焦虑的意义与价值。焦虑会带给你哪些益处呢？

这样的自我对话会导向积极正向的能量，越是把注意力放在正向、已有的成功解决方法上，并迁移到类似情境中，越能使改变朝好的方向发生。

四、训练路径思维,解决困扰

我们之所以会困扰,是因为缺少解决问题的方法与路径。我们应打开心扉,接纳他人对问题的看法及建议,学会从新的角度看待问题,自然就会找到更多的办法解决问题。

比如失眠,你可以通过有效的治疗去解决它,也可以与失眠共存,带着症状去生活。一旦解决的路径多样化了,思维的弹性度就会更强了。跳出问题来看解决办法,就可以找到解决问题的多种路径。

"我现在什么都做不了"的人,我们可以把目标聚焦于他已做得不错的地方,"这么艰难的日子,你是怎么做到自我照顾的?"通过聚焦,可以找到内在的资源,然后获得心理的控制感,这就是一种积极心理学取向的自我调适。

我们很多同学经常花太多的时间在网络上,每隔几分钟就检查QQ、微信信息或者翻看朋友圈,这实际上会严重影响我们的工作效率和创造性,而最终影响我们的心情。我们可以去设定一些"无电话"与"无会议"的时间段,这样便可以更专心地去做眼前的事情,无论是工作还是与朋友聚会。

每天用一点时间记录下当天的生活,可以帮助我们找到自己的模式。比如,我们可能会发现,我们的大部分时间都用在那些获益在未来但我们并不享受的事情上,或是做了太多既没有意义又不快乐的事。据此,我们就可以为自己的生活做出更好的规划。

💬 技巧分享

✺ 接纳情绪,认识情绪。

情绪就像信号兵,不断地把我们对自己及外界的看法与感受告诉我们。如"生气"是告诉我们有一些人或事侵犯了我们或我们的信念;"后悔"是告诉我们现在有了比过去更好的做法了；"难过"是告诉我们有一些重要的东西我们失去了。

❂ 积极行动，关注当下。

假如心情真的不好，可以做一些简单的事，比如擦地板。周末，既然无法远行，那就在家修行吧，不妨拎一块抹布，弯下腰，双膝着地，把你面前这张地板的每个角落来回擦拭干净，然后省思生命中出现的这些混乱、杂乱及焦虑都被自己擦拭过了，你渐渐心平气和了，是不是？弯腰可以让你谦卑。劳动让你在锻炼身体的同时，也擦亮了自己的心灵。

❂ 聚焦优势，正向激励。

有同学或许会担心，生活有时候会过得太过混乱。这种担心有一定的道理。但混乱是一种特殊的秩序，慢慢地内心就会有秩序感。再小的行动，汇聚到一起，便是江河。我们要坚定自己的内心，去做正确的事，不要害怕别人质疑。

以一个不恰当的隐喻来说明吧。我们每人都有100分的资源，这个资源就是心理能量。我们要用20分的资源来照顾自己，上午在工作时用了30分，中午用了10分，下午又用了30分。晚上就会感到精疲力尽，因为只有10分的资源了，晚上回到家里会因为一点点小事发脾气，经常感到烦躁、恼火、愤怒。

❂ 积极思考，自我完善。

思考可以用"至少，起码"或"看得出来"等类似这样的语句，这样可以让我们看到消极事件中正向的价值。

一位家庭关系不和谐的同学，"目前相处不怎么开心，但起码到目前为止，家人身体都是健康的。""从争吵看得出来，大家还是非常关心。"

透过亲人之间表面的摩擦，看到争吵背后彼此的关心。心理学上认为，亲人之间的批评是一种无法言说的爱。

心理训练

【自我训练】

正念行动法

首先，学会放松。 找一个放松的、没有干扰的环境，让自己安静下来。

其次，自我觉察。 花几分钟时间静静地思考一下："过多的上网、看电视、发脾气"等行为，你看看哪些行为对于改变有帮助，哪些没有帮助。注意头脑中出现的任何想法，以自己喜欢的方式，简短地记录下来。生命是一种追求，得到了就是成长，得不到就学会悦纳，人生就要学会追求和悦纳。

再次，充满希望。 专注于呼吸，并思考刚才所写的，以怜爱之心去回想、确认在这次探索中所学到的东西。

最后，积极行动。 成长的方向是什么？我有哪些资源？我该采取的一小步行动是什么？

互动拓展

解决问题　集思广益

1. 让学生树立求助意识，借助他人的智慧解决自己的难题。
2. 培养学生的关爱之心，乐意帮助别人解决难题。

一、活动时间

大约需要 30 分钟。

二、活动道具

一些塑料饮料瓶（漂流瓶）、一些信封和一些白纸。

三、活动场地

以室内为宜。

四、活动程序

1. 全班分成 4~6 人的小组若干；

2. "献策"

（1）每位同学可以自由选择自己是使用漂流瓶还是使用信封，并将漂流瓶、信封和白纸发给每一位同学；

（2）每位同学在事先准备好的白纸上写下自己最头痛、最想解决的问题（如学习问题、交往中的问题等，通过描述，自己脑中对问题有个明确的概念），然后把这张纸装在准备好的漂流瓶或信封里；

（3）以小组为单位，把每个小组同学的"求助信"在全班范围内"漂流"，每位同学负责对"漂流"到自己手里的"求助信"献策，并在策略末尾写上自己的名字。（注意：如果学生不愿意留下自己的名字，可以不留；尽量多地把"漂流瓶"传到不同同学的手里），最后，"物归原主"。每人不必拘于只献一计；

（4）全班范围内把自己收获到的"计策"进行交流。

3. "感谢"

请向为自己提供可行又有效的方法的同学表示你的感谢。走过去，握手并说"谢谢你"（或者用你自己的方式表达）。

五、注意事项

1. 关于署名。有的同学在寻求别人帮助的时候，由于害怕自己的隐私被暴露，不敢写其内心真正困惑的问题，所以主持人在宣布写疑难问题的时候，可根据实际情况写，纸条上不一定要署自己的名字，这样可以让同学们心理上有一种安全感，有助于求助问题的真实性。

2.鼓励大家提出尽可能多的问题解决方法。在献策时应注意，提出解决问题的建议，想到了任何想法就写下来。不管听起来有多么荒谬，也不要"删改"，类似于头脑风暴。

3.为了调节气氛，主持人可请同学们在自己收到的（或小组其他成员收到的）方法中评选以下奖项：

最佳方法——最佳创意奖；

最奇特方法——别出心裁奖；

最容易完成的方法——善解人意奖；

方法最多的——"智多星"荣誉称号。

4.如果时间充裕，主持人应该就这些"方法"和"建议"进行讨论，让学生能更好地知道提出解决问题的办法时应注意哪些方面，如何使自己的"建议"和"方法"更为有效。

第五章　五维幸福的模型

"积极认知、小步行动、支持系统、解决问题、接纳性格"是幸福的基本模型，单一的心理技术不是灵丹妙药，更不是痛苦的替代品，再伟大的心理咨询师也没有魔法棒，挥舞几下，就变得幸福了。

心理导航

【生活现象】

※ 晓阳（化名）说最近一直心情不好，也和同学相处不好。因此，他虽然强烈地渴望朋友，但在现实生活中，他没有一个朋友，不停地刷微博，很无助。心理老师说："很多人在心情不好的时候，确实和他人相处会有些困难，但你注意到自己内心的想法，你现在开始学习人际交往的方法与技巧。在过去，有没有比较好的时候？"晓阳脸上立即露出了开心的笑容。

※ 小陈说自己是个懦弱的人，做什么都怕出差错，而且瞻前顾后，很怕出差错。心理老师问："听起来，你决定做一件事之前会先思考，你想确认不出差错，然后再采取行动。看得出来，你是一个考虑问题比较周全的人。"小陈立刻释然。

【正向心理】

在阅读完上述文字之后，就可以对照进行自我分析。也许不少人会产生疑虑，为什么简短的对话就可以使人迅速恢复平静？事实上，事件只是一种心境性诱因，真正起决定作用的是对待困境的态度和具体的行为，晓阳内心有一种习得性无助感，这种感受会引发挫败和焦虑。在焦虑之下，他无法以正向接纳的视角看到已有的资源——尽管这么艰难，但心存希望和期待。

因内心消极信念导致了他行为的改变，比如不停地上网，使自己更加有了消极的想法——个人努力是有限的。再努力也是白费，这种想法和行为直接影响心理状态，于是形成恶性循环，成为了一个死扣，从轻微的担心变成了长时间的焦虑和恐慌。

首先是积极认知，减轻了晓阳的焦虑，并通过认知重评的策略促使其找到内在的资源。我问他："在过去的几天里，有没有状态好一些的时候？那时是怎么做到的？"并让他在过去的经验里找到可以利用的资源。"假如若干天之后，你顺利走出这个困境，把你的经历讲给别人听，你认为哪些人听了可能会有收获？"通过这种对话让他转变认知的视角。

其次是小步行动。我和他交流的时候，我先肯定他说，"尽管比较艰难，但还是每天做饭照顾家人，真不简单呐。"这句话深深地触动了他，他和我分享了很多生活的点点滴滴，之所以打动心灵，是因为小改善会带来大改变，并产生雪球效应。小的改变和行动得到强化后，内心自然就更有成就感了，关注小小的改变吧，只要有一点改变，就积极加以肯定，自然会越来越棒。

第三是支持系统。之所以体验到巨大的压力，是因为支持系统太脆弱。有些人却因为有了亲朋好友的情感支持，可以将压力转化为向上的动力；而对于缺乏家庭支持的个体来说，他们极为脆弱甚至不堪一击，如若内心的支柱垮了，精神世界很容易崩溃。

第四是问题解决。困难对许多人来说都是一次应激事件，在困难面前，将现实的生活事件按重要及紧急程度进行排序，优先解决迫切且重要的问题，能有效地缓解压力。

第五是接纳性格。要敏锐把握性格中是否有完美主义心态，并对过往的有效经验进行挖掘,"你是一个考虑周全的人"。对于赞美,大脑会有一种"享乐适应"的反应,对愉快的事会更容易接纳,以此发掘内在积极的力量。通过接纳性格中的优势,发现自我存在的价值,这将对来访者是一次全新的体验。

综上来看,影响心理健康的核心包括"积极认知、小步行动、支持系统、解决问题、接纳性格"。当然还有文化因素、社会环境等,这里只介绍容易操作的五要素。

理论简析

【知识分享】

一、积极认知

说到这里,我们不得不提情绪 ABC 理论(也叫理性情绪疗法)。这个理论认为激发事件 A(activating event)只是引发情绪和行为后果 C(consequence)的间接原因,而引起 C 的直接原因,则是个体对激发事件 A 的认知和评价而产生的信念 B(belief)。

"一看到他我就来气!"看起来,是"A 指代的他"让人生气。但为何别人看到他却不生气呢?由此可见,引发我们情绪的不是"A",而是我们对"A"的看法 B。再比如无缘无故被人骂了,如果认为那个人是混蛋,必忿忿然;如果知道那个人是个傻子,同情心也许就油然而生了。

心理健康的大学生大多有一种逆向思考的能力,即从另一个角度看到困难背后的正向意义与价值,从而产生良好的效应。

比如 95 分可以等于 100 减 5 分,也可以等于 90 加 5 分,如果我们关注失去的 5 分,纠结为什么没有考到满分,那么就会产生沮丧失望的心理；如果问问自己："为什么不是 90 分，而是考到 95 分，那 5 分是怎么来的？"就会找到信心和希望。

心理灵活是一种活在当下的能力，面对困难有一定的心理弹性，对现实有接纳的能力，并能做自己认为最重要的事的能力。心理健康的大学生都富有幽默感，有朝气，学习效率较高，不会纠结在过去的痛苦中，更不会担忧还没有发生的未来，能够全身心地投入当下，通过选择有价值的行动来引导自己，并不断获得成就感和意义感，表现出很强的生命力。

前面我们说过，因为人类主观世界最客观的规律就是主观世界是可以建构的。我们眼中所看到的世界，所认识到的世界还可以是另外一个样，只要你愿意打开视野，换个视角，调个频道，善于主动建构。

我们要善于在自我对话中，去主动建构，发现过去的正向资源，探讨未来的积极信心，开启新的生成过程，创新创造出不一样的未来，为来访者带来更多的可能性。

一个想法邀请另一个想法，生成新的想法，新的想法邀请下一个想法，又形成更多新的想法。生成想法是有前提的，首先要允许原有的想法自然呈现，然后营造良好的氛围，去诚挚"邀请"另一个想法的自然流露。只有这样，新的想法才能一步步生成。

危机既是危险也是机会。为此，我们要正确看待危机。危机看起来是危险的，但并不等同于危险或灾难。一方面，它可能导致个体严重的失控或是病态，极端的可致杀人甚至自杀；另一方面，它也是一种机会、机遇。它带给当事人的痛苦会促使当事人寻求帮助。如果当事人能够利用这个机会得到恰当的帮助，那么他不仅学会了"吃一堑长一智"，能够成功摆脱当前的危险或是威胁，还会因此获得巨大的且难忘的个人成长体验。

同一件事，想开了进入天堂，想不开进入地狱。所以，特别重要的建议就是要改变我们的想法。改变我们对这个事情的想法，也许也能帮助我们改变自己的心境。如石头放在头上就是压力，放在脚下就是垫脚石。所以，我们特别提倡积极的思维和积极的认知。

二、小步行动

一小步技术，是正向积极的解决问题的方法。这是基于积极心理学多元价值取向而提出的。在描述系统性的问题之后，如何优先启动一小步，才能持久地激发自身的潜能与能量？大多数问题并不容易立即解决，如同爬楼梯一般，优先启动哪一项工作才能激发更多的资源？优先观会给予我们突破的契机。

教练源于"coach"，原意指马车，教练就是陪伴一位重要的人物，从他或者她目前所在的地方到他或她想要去的那个地方！

人生也是一次旅行，达成我们的目标、愿望与梦想——拍拍你的肩膀，注意新的方向和不同观点——简单但需要高度的自律与技巧。一小步有效行动可从量尺问句开始，量尺问句不但看起来很简单（因为连儿童都喜欢打分数），还可以通过这样的问句，将抽象概念转为具体化的问句。

若不使用一小步的技术，我们可能只能说："怎么了？这么焦虑，好像心情不太好？""告诉我发生了什么事情，好吗？"但若是使用这个技术，我便能问："现在有一把尺子，他的刻度是1~10分，越往10分代表你的心情越好，你会给现在的自己打几分？"

无论回答几分，我们总有机会打破僵局，这个好处是可以帮助我们澄清状态，看到希望和信心，优先启动第一步。

我曾为全校新生免费发放紫色心理自助手环，手环上刻有"迈出一小步""用最好的方法解决问题"，需要把手环换到另外一只手上，如此交替更换。学习为自己创造美好的生活，让大学生活充满平静喜乐、活力四射的正面能量，这是心灵自助与互助的运动，希望给大学带来激情。

三、支持系统

每个人都有一个家庭，家庭是一个支持系统；每个大学生都有一个班级，班级老师和同学都是一个系统。如果能有效地利用这个支持系统，就不容易被压力所击垮。

以家庭为例，家庭是一个三角关系的系统，如果两个人之间产生了紧张，他们会把第三个人扯进来以稀释这个紧张和焦虑。三角关系不限于家庭，朋友、亲戚和咨询师都会被带入矛盾。在压力存在时，家庭越大，其中就有越多的内部"三角"；一个问题会涉及多个"三角"，家庭成员也越来越卷入矛盾。反之，大学生良好的状态也需要家庭成员的支持，这就提示我们，帮助家庭其他成员，促使身边的人产生健康行为，往往也能提升心理健康水平。

大多数人心态失衡时，学会接受现实，学会正视困难并努力自我缓解，面对困境的反应是不断寻求更好的解决方案，并且不断加强和其他人在情感上的联系，建立支持系统，向其他人敞开自我，展示解决问题的能力。通常由于家庭或朋友，再加上自己努力寻求解决问题的办法，最终症状得到缓解，从而走向健康和成熟。

健康来自开放的心灵，因为所有生命都是一个开放系统，像自由流动的水。隔离在家，从某种意义上，导致我们在心理上疏离了社会、疏离了他人。

为此，孤独的人容易体验到焦虑。就像一个人走夜路，任何风吹草动，都会感受到害怕。在这个地球上，人类并不是最强大的动物，我们从来就不是单打独斗的，我们需要在一起的感觉，要与他人建立情感支持系统。

因为疾病的本质就是障碍，若封闭嘴巴，则不与别人交流沟通；若封闭耳朵，则不信任他人；若封闭情感，则缺乏爱也不接受爱。

只有采取与我们的价值相一致的行动，生活才会变得丰富、充实、有意义。有效的行动主要体现在以下三方面：一是与价值相一致的行动。如果你渴望拥有良好的人际关系，那么选修一些与人际交往有关的课程或者参加一些联谊会就是有价值的行动，而不停地抱怨则于事无补。二是如果之前某项行动曾经有效，那就多做一些。例如，我每次工作两小时，就会到户外呼吸新鲜空气，或者闭目养神三分钟，这种良好的习惯可以让我迅速获得心灵的平静。三是小步子迈进，以引发大的改变。大多数人都认为一个重大、严重和复杂的问题，需要长时间且巨大的改变才能解决。这种信念会让我们感到压力很大。但是，不要忘了小雪球滚下山坡后，会形成巨大的雪球。所以，最可贵的就是开始的一小步。

由此可见，促进心理健康有多种途径，而且这些途径都是相互依存的关系。心理健康也不是一个单一的概念，它是一个整体。

四、解决问题

心理健康的人对情绪有一定的敏感度，也就是说能够了解他们自己的感受，并清楚为什么会有这样的感受。更为重要的是，还能自发地运用利己利人的方式处理自己的情绪。在现代社会，压力越来越大，学会正确地处理和宣泄情绪极为重要。

女性的平均寿命比男性长。一个心理学的解释是女性善于宣泄郁积的情绪，而男性则更为坚强。以胃溃疡为例，很多男性胃溃疡患者都是压力很大的人，他们在精神上表现得很坚强，但强大的心理压力在他们相对薄弱的胃上寻找到了突破口，胃壁上的溃疡，就具有一定的象征性。所以，要学会宣泄自己的情绪，而负面情绪往往与生活事件的解决有关。

在心理学上，有人提出了"挫折攻击"的理论，即人病态攻击行为来自生活中遇到的挫折，它的实验依据如下：在一笼白老鼠里，以实验控制法随机地给予老鼠电击（施以挫折经验），之后详细观察并记录老鼠的行为表现，发现原先老鼠的生态行为有了极大的转变，老鼠性情变得急躁，睡眠时间减少，抢食物吃，活动量变大，老鼠们彼此互咬的概率大幅提高。因此学者推论人类的行为也遵循类似的原理，在遇到挫折、期望落空、生活变故、失败的处境下，人的性情亦会变得较为急躁、容易愤怒，以至攻击错误对象，从而出现病态行为。

当然，我们可以不同意人类的行为与白老鼠的表现相同，然而这样的研究的确提醒我们注意到，人的愤怒大部分来自生活中的不满及挫折，只是我们是否能理智地找出原因，并采取合理的解决方法，在面对愤怒汹涌而上时，我们期望人类的智慧或许能真正征服它。

但过一个简单的生活谈何容易？微信朋友圈里有满屏的新闻，微博里有不断刷新的求助帖。模糊性信息，会使感知能力产生颠倒、重构及虚构联想。同时各种恐慌、情绪感染，会导致认知"狭窄通道"的产生，要避免"瓶颈"认知会弱化个体心理。

应对生活事件，我们只有学会适应，心理上才会有一定的预期，才能心中有数，筑梦踏实。

如何拥有良好的心态呢？在分享这个问题之前，大家不妨先思考一个问题。假如最好的心理状态是 10 分，极度焦虑的状态是 0 分。你可以给自己打几分呢？

有的同学可能给自己打 8 分，也可能打 5 分，具体的分数并不重要，重要的是请大家继续思考下面两个问题：一是最近一段时间，什么时候分数比现在还高一点，那是怎么做到的？二是为什么是现在的这个分数，而不是更低的分数？

思考的同时，大家的内心可能会发生一些积极的变化。这说明什么？第一，原来我们每个人都有自己的方式来调整心态。第二，在这个过程中，状态不会一直这么差。

我们可以运用语言和想象放松的方式获得内心的平静。通过想象，训练思维"游逛"，如"蓝天白云下，我坐在平坦的绿茵草地上""我舒适地泡在浴缸里，听着优美的轻音乐"。在短时间内放松、休息、恢复精力，让自己得到精神小憩，你会觉得安详、宁静与平和。

也可以通过适量运动的方式，从生理科学角度来看，兴奋和抑制是大脑皮层的活动规律，只有劳逸结合才能提高效率。体育运动不仅能够储备体能，更主要的是在运动中能够平静心情，给自己解压，是一种积极锻炼脑神经的好方法。

五、接纳性格

尽管个性并没有好坏之分，但对健康的影响而言，完美主义者更容易在生活中产生心理压力，从而带来健康隐患。

某大学研究者邀请50名中年男子接受一项测验。研究者先以问卷方式测定他们的完美主义倾向，然后要求他们用10分钟时间准备一次面对2到3名"考官"的求职演说。演说完毕后，研究者要求这些人从2083开始，每隔12个数字向下数一个数字，直到倒数至0。其间，只要错一次就要重数。测试过程中，研究者为这50人测量唾液中的应激激素皮质醇含量、心率、血压以及肾上腺素和降肾上腺素水平。

结果显示，完美主义倾向越严重的人，测试中分泌的应激激素越多，说明心理压力越大。完美主义倾向越严重者，测试过程中显露出更多"生机衰竭"迹象，证明他们产生了疲劳、急躁或信心受挫等负面情绪。而"生机衰竭"容易导致心脏病。完美主义者的处世高标准完全是自我强加的，如果完美主义者能使自身标准更贴近真实情况，那么他们就能增强信心，并减少社会压力带来的影响。

人本主义心理学对健康有另外的看法，每个人的心中都有两个自我：现实自我和理想自我。前者是个人看待自己的结果，后者是个人自以为"应该是"或者"必须是"的自我。对于大多数人而言，后一种自我实际上就是这个人的行为动机，如果过于崇高而无法实现，就会使人陷入痛苦，导致个体的心理失常。现实自我和理想自我的重合状况直接决定人们心理健康的状况，两者间距过多，就难免会有心理失衡感。

在人际交往中，人总是愿意别人对自己的行为作出有利的评价，当一个人的行为产生了积极的自我体验并同时得到他人尊重时，他的自我概念是明确的，人格就能得到正常发展。若一味地去满足别人的期望而不惜改变自身的准则，自我概念就会扭曲。

在心理辅导工作中，经常会遇到社交恐惧症的来访者。社交恐惧症的人是因为在他内心有一个超然的、完美的自我。这个超然的、完美的自我绝对不允许他在人际交往中出现任何的一丁点的问题，因此他干脆就不去交往。所以每次面对有社交恐惧症的人，我的内心一方面会对他肃然起敬，另一方面，我也会告诉他，放过自己吧，谁又能做到完美呢？其实每个人都不是完美的。

技巧分享

表达感谢。

找个时间，感恩一下生命中最重要的人。学会发现家人的五个优点，并尝试向他们表达出来。

❋ 保持乐观。

也许我们自己没有意识到，当我们自己拥有乐观心态时，可以激发潜能，增强免疫力，有助于我们战胜困难。科学依据来源于我们大脑自身的工作原理。当我们拥有积极自信的心态时，整个身体都会处于一个积极的状态。

❋ 有氧运动。

血液循环加快可使排毒变快。加强血液循环速度可以促进排毒速度，排出的毒素和废物增多了，爱运动的人可以分泌更多幸福的激素——多巴胺。将心中的颓丧感全部抛弃，大脑有更多的机会分泌出更多的多巴胺，这是令我们身体健康、心理幸福的物质。

心理训练

【自我训练】

五步脱困法

内心状态可以从言语中侦察。因此，改变说话方式，也可以改变内心状态。很多人的内心困境，往往是由本人的一些错误的信念造成的。以下五个步骤可以帮助处于困境中的你，使你变得积极进取，有更清晰的行动目标和途径。

第一步（困境）

我做不到 A。（因为没时间指针，说出来就像是一句永恒的真理一般，正是这样的信念，使得我们无法突破）

第二步（改写）

到现在为止，我尚未能做到 A。（那只是过去的事，未来可以改变，看到一个充满希望的未来）

第三步（因果）

因为过去不懂得……所以到现在为止，尚未能做到A。（找出具体的原因，明白问题所在）

第四步（假设）

当我学懂了……我便能做到A。（找出改变困境的方法）

第五步（未来）

我要去学……我将会做到A。（这时，不仅有改变现状的目标，还清晰可行的途径去达到目标，所说的话，充满了动感，已恢复自己控制自己人生的状态了）

互动拓展

互助成为更好的团队

1. 通过游戏训练学生思维，发挥集体智慧，激发个人的想象力、创造力。
2. 让学生体验在合作中竞争，在竞争中合作。
3. 倡导学生的个性发展，认同美、佳、绝多元化的评价标准。

一、活动时间

大约需要20分钟。

二、活动道具

扑克牌、吸管、回形针。

三、活动场地

以室内为宜。

四、活动程序

1.6个人为一组，领取材料：一副扑克牌、100根吸管（其中20根带弯头的）、20枚回形针；

2. 要求在 10 分钟内利用现有材料搭建有高度的作品，并且命名；

3. 各组派一名学生讲解搭建原理，根据最后的高度及综合结果（外形的美观、结构的稳固、用材的科学、创意的新奇等），评选出如"最高""最美观""最省材""最稳固""最新奇"等最佳作品。

五、注意事项

1. 三种材料均要用上，不可以只使用其中的部分材料。

2. 比最高是指直立高度，不可以倚靠墙面、钉在地面、人手扶立等。

3. 各组派出一名学生组成一个"评委组"，分别到各组征求意见并评定最佳作品。

* 第二篇 *

互助：走向快乐的"五关"

关键是激发
内在的成长

关注一小步
进展的线索

照射并运用
积极正向的资源

建立良好关系，
才能和谐互动

关心对方想要什
么（聚焦期待）

朋辈心理互助的技巧与策略

第一章 关心：探索心理期待

> "关心"是关注对方的期待，对方需要什么，我们就给予什么，这是互助的首要原则。情同此理，你如果想要什么，就先把这个东西给出去。例如，你想要对方听从自己的意见，就先听对方诉说；你想获得尊重，就先尊重他人。

心理导航

【生活现象】

※ 某同学说："最近我在学习上的压力真的很大。"A 回应："嗯，我了解，所以你想找个方法，来缓解学习上的压力"。B 回应："请你再告诉我，你在学习上有哪些不愉快的地方，为什么压力会这么大呢？"

※ 某同学在寝室抱怨："我真的很烦恼，我不知道如何与人打交道。"室友说："听起来，你想知道如何和同学更好地和睦相处。"该同学说："谢谢你，让我看到了方向。"

【正向心理】

对第一个场景，有 A 和 B 两种不同的回应。A 的回应是通过仔细的倾听，了解对方内心的期待，掌握需要改变的方向。而 B 的回应，我们可以想象他们接下来面临的将是抱怨、自责及传播负面情绪。

第二个情景通过一个简短的对话，就了解了对方的期待，因为积极正向的心理需求，是我们每个人投入心力的地方，也是我们愿意改变之处。当我们将沟通对话导向对方所在意的事情时，互助也就自然而然地发生。

理论简析

【知识分享】

一、按需求理论理解同辈期待

首先，我们要与人建立联结，了解对方的需求。

设想一个落水的人，他最需要的是什么？

所有人都明白，这个时候他最需要的是被救助，或者是一种危机干预，犹如伤口包扎，一般是短程的，显然这个时候需要的不是简单的陪伴，更不是讲道理，而是给予生命的救助。

当救助上岸后，他最需要的应该是换上干净衣服、吃饱喝足，也就是说要给予他物质上的满足。为此，对于生活困难、经济困境的同学，我们最应该给予基本物质上的帮助。

基本的物质需要得到满足后，开始要给予他安全感。当我们受伤或受惊吓的时候，脱口而出往往是"妈呀"。说明父母尤其是母亲最能给我们安慰。此刻，我们需要给予对方温暖的陪伴。我们要尽量通过温和的语气、低缓的语速传递给对方一种温暖和爱护，让同伴有一种被接纳的感觉以及舒畅的满足感，只有在这种氛围里，才会敞开心扉进行有效地探索自己从而获得改变。

获得了安全感，但现实的困难并没有发生改变。这时，需要增加与同伴的沟通、交流与联系。通过陪伴，增加人与人之间的联系；在倾诉中同伴表达内心的恐惧；通过分享，让对方了解遭受危机和创伤时的反应，从而接纳自己的负面情绪。让对方体会到"任何人遇到困难都会出现这样的反应"，这种正常化技术显得尤为重要。

当然，若出现一系列恐惧、愤怒的心理反应，甚至在一段时间内产生恐惧症，这个时候，则需要一些知识，让他知道出现这种情绪或行为是正常的反应，然后告诉他应该怎样面对，怎么用有效的方式去解决，让他知道创伤反应的几个阶段，如"休克期""否定期""抑郁期"等知识。因此，同辈辅导员也要掌握最基本的心理健康知识。

二、了解解决问题的目标

上述是宏观的方向，但对于开展一场谈话，还是要设立具体的目标。积极心理学分支之一是心理教练，教练的英文为 coach 即为四轮马车、出租车，同伴的作用就相当于司机，是运用有效资源陪伴另一个人从目前所在的地方到他（或她）想要去的那个地方。司机首先要了解顾客去哪里，即所谓的目标。如果没有目标，也就失去了方向。只有有了明确而具体的目标，同伴的辅导才有意义。

目标应该具有以下最基本的特征。

首先，目标应该是正向的，假如顾客负向语言描述"我不想去哪里"，司机是不清楚要去哪里的。

例如："我不希望自己和室友沟通不愉快。"

同伴助人者："那么，你希望怎样和室友进行沟通？"

其次，期待的目标应该是可以测量或具体用行动进行描述的。期待的未来越是具体和明确，越能够激发强烈的动机，可以促使人发生改变。

比如说："我希望自己可以考上研究生。"

同伴助人者："假若考上研究生，你现在会做些什么？"（具体的行动）

同伴助人者："你觉得你每天做哪些事，将来就可以考上研究生？"

再次，目标应该是合乎现实的。比如说，"我想让我爸爸脾气变好一些"。因为爸爸并不在面前，这是做不到的。但可以通过改变自己对爸爸的态度，使爸爸发生改变。

最后，解决问题的目标应该是小目标。设立小改变的目标容易激发对方的行动力。就像滚雪球，小改变会引发大效果。

例如："我希望将来是一个很有作为的人。"

同伴助人者："假如将来是一个很有作为的人，你现在会做哪些有益的事来达成你的目标？你可以从哪件事开始呢？"

技巧分享

假设开场

"假设"是一个具有魔法的词汇，可以引导我们描述未来可以实现的目标。如"假设我们今天的分享对你是有帮助的，在你室友看来，你会和之前有什么不同？他们会看到你有哪些变化？"

目标明确

比如说，问大家："从早上到现在，你记得哪些事件？"因为我们看到很多事物，但是要回想起来，真的有点困难。如果这样问："现在请你闭上眼睛，看一眼周围的环境，回忆六件事物。"我想，大多数人都能够记得起来。为什么？因为已经有一个明确的目标。所以制订计划、明确目标有利于提高学习效率。

踏实自信

现在请在大纸上写下一组数字：149162536496481。写完这么长的数字以后，就把它翻过来盖上。请大家回忆一下，还记得多少数字？估计记不住多少。但如果我告诉大家，这组数字是有规律的：1是1的平方，4是2的平方，

9是3的平方……现在是不是都能够记住了？知识都是有内在联系的，因此我们要提高学习的效率，一小步的成就感可以增加内在的自信。

❀ 积极倾听

要认真倾听对方哪些事对他造成困扰，对方有哪些优势、能力及经验，对方比较在意哪些事或人，我们才可将困扰转化为目标。

比如"我希望自己可以多花些时间来学习，期待得到好成绩。得到好成绩，父母会比较开心。"

"得到好成绩"和"让父母开心"都是对方的期待，我们不但可以及时提供赞美，还可以进一步厘清，让父母开心的方式除了好成绩外，还有没有其他途径？比如定期问候父母、尊重父母的意见等。

心理训练

【自我训练】

六分钟培养对一个人的爱

和大家分享一个小故事，心理学教授走进教室，提着一篮黄澄澄的橘子，引得大家垂涎欲滴。

每人分到一个橘子，并被要求观察五分钟。"不就是一块扁圆扁圆的黄皮吗？有什么可看的？"大家心里直犯嘀咕。凝视片刻后，"蛛丝马迹"愈发昭然：虫孵状白斑！针尖大小的黑点！初看圆咕隆咚的表皮越看越觉得变形！

五分钟后，橘子被收集到一块儿，教授让大家闭上眼睛，抚摸这堆橘子一分钟，再从混杂的橘堆中凭感觉找出自己刚刚拿过的橘子，但找到者寥寥无几。紧接着，教授让大家睁开眼睛去找，这回只有三位找不到。

大家在嬉笑争辩中拿回自己的橘子，就像找回一件自己心爱的宝贝。

教授宣布该尽兴品尝橘子时，大家都摩挲着刚刚和他们共度快乐时光，给他们启迪的橘子，怎么舍得立刻就吃呢？

六分钟和橘子培养了如此浓厚的感情，更何况是一个人？

只要用心体会，学会接纳，真爱便无处不在。

互动拓展

"盲人"旅行

1. 通过"盲人"与"拐棍"角色的体验，让学生理解自助与他助同等重要。

2. 让学生感受信任与被信任、爱与被爱的幸福与快乐。

一、活动时间

大约需要40分钟。

二、活动道具

眼罩每人一只，复杂的盲道设计。

三、活动场地

室内与室外结合。

四、活动程序

指导语：大千世界充满着精彩，诱惑着每个人去索取、去享受、去追求……

大千世界也充满着艰难，迫使着每个人去面对、去承受、去改变……

在茫茫人海之中，有谁能与你同行、与你分担忧愁、与你分享快乐？不妨去找一找，不妨去试一试，体验一下自助与他助、信任与被信任、爱与被爱的幸福与快乐。

1. 在背景音乐声中，每个人戴上眼罩扮演一个盲人，先在室内独自一人穿越障碍旅程，体验盲人的无助、艰辛，甚至恐惧。

2. 所有学生中一半人继续扮演盲人，另一半人扮演帮助盲人的"拐棍"，由"拐棍"帮助盲人完成室外有障碍的旅行。完成后，交换角色重新体验。

3. 所有学生均扮演盲人，且两个盲人要相互帮助，到室外共同走过一段障碍旅程。

4. 学生们交流：在不同情况下，扮演不同角色的感受。

五、注意事项

1. 本方案设计了三种情况的"盲人"之旅，根据实际情况可以只做其中的一种。

2. 障碍旅程的设计，应该有跨越、钻圈、下蹲、上攀、独木桥、上下楼等多种障碍。

3. "盲人"旅行过程中不允许用语言交流，最好配置适当的背景音乐。

4. 在角色互换的旅行中，"盲人"与"拐棍"最好不要选择同一组人，以陌生的对象为好。

第二章　关系：创造和谐互动

> "关系"是影响力。小时候，愿意多花时间在哪门功课上，不是因为该门功课多有趣，而是和这个老师有关系，老师信任并尊重我们，我们内心会产生一种强烈的情感反应。

❋ 心理导航

【生活现象】

　　※ "经常感受到心跳加快，晚上无法入睡，真的害怕自己会死掉。"当他向我诉说这些症状时，我能感受到他内心的恐慌以及对生的渴望。我不知道他经历了怎样的心路历程，但我能感受到他的恐惧和无助，我真诚地和他分享了我的感受："假如我是你的话，我也会有这些感受，甚至还有可能不如你。"

【正向心理】

　　同伴互助的成效在于合作与沟通，这是解决问题的关键。我们每一个人总是在小心翼翼地探索对方的安全心理领域，直到确认安全，才会打开心门诉说。为此，要学会倾听，当然不仅止于倾听，而是感受对方内心深处的伤痛，倾听对方拥有的资源，同时配合他的声调、情感和用语，进入他的内心世界，从而进行积极地引导。

理论简析

【知识分享】

一、用贴近对方的语言

温暖也会促使人发生改变,正如北风吹得越大,路上行人会把外衣裹得越紧;而太阳暖暖地一照,行人自己就把大衣脱了。所以越指责和强求,人们越不愿意改变。

许多医生用专业术语对病人及其家属说话,导致他们不敢问问题,甚至产生误解。这是一个隐喻,同样的状况经常发生在同伴沟通上,我们要根据对方的状态、情绪及文化层次,使用合适的语言进行沟通。

在具体操作上,一是要注意从远到近、从表象到本质不断深入。比如,先聊天气、家乡,再聊具体的学习状态,这样比较容易拉近距离。二是要用对方的语言,如"你是说,同学对你的误解,你感到生气?为此,你期待得到同学们的理解。"这样的对话可以使双方关系更近。

二、用欣赏眼光看对方

欣赏,除了前面所说的语言的赞美,还有非语言的情感表达。

有人用嘴说话,有人用心说话,有人用欣赏的眼神交流。用嘴是讲道理,用心是共情,用欣赏的眼神是影响力!在平时生活中,用嘴说话往往引发冲突,而用心说话则是理解。我们可以用欣赏的眼神与人交流。

比如在寝室里,同学之间虽然什么也不说,但都能感受到对方的情绪与心境,这是心外无物的境界。建议大家学会清空自己的状态,将自己的呼吸调整到与对方一致,与对方的情绪产生共振。对方无论是悲伤,还是失望,都能准确地感受到。要做到这一点,需要训练并提升聆听及共情的能力,慢慢地,两人的关系会越来越好。

三、给予对方温暖关心

打个比方，我们走到屋子里，里面漆黑一片，我们可能会感到害怕，甚至恐惧。但如果是走进自己熟悉的房间，即使没有灯，我们也不会害怕。因为我们对屋子里的摆设是了解的，我们会有强烈的安全感。

1930年，某心理学家开始用恒河猴进行一项实验：他把一只刚出生的猴子与母猴分开，并放进一个笼子中养育，用铁丝和绒布做了两个猴子玩偶，来代替母猴，区别在于，当小猴贴近"铁丝母猴"时，会被铁丝扎到，而贴近"绒布母猴"则不会。但研究人员给"铁丝母猴"装上了奶水管，也就是小猴想要进食，必须接近"铁丝母猴"。

刚开始，小猴会围着"铁丝母猴"转悠，但很快，神奇的事情发生了。小猴只在饥饿的时候才到"铁丝母猴"那里喝几口奶水，其他更多的时候都是与"绒布母猴"待在一起；小猴在遭到一只木制的大蜘蛛的威胁时，会跑到"绒布母猴"身边并紧紧抱住它，仿佛"绒布母猴"会给小猴更多的安全感。

这个实验提示我们，我们要给予身边的人安全感，要觉察自己说话的语气、声调、语速等，因为这些会对人产生影响。有的人说话音频高、语速快，像机关枪一样，身边的人会逃离、害怕甚至有恐惧感。

四、给予对方更多空间

"空间"有两层意思，一是共处的物理空间，二是尊重对方所产生的心理空间。假如对方与自己保持一定的距离，一定是有原因的。假如对方与自己保持较大的物理空间，不与自己靠近，要给予欣赏、鼓励，甚至等待。"快就是慢，而慢就是快"。

当然，最重要的一点还是尊重对方的心理空间，对对方有一份信任。可以让对方感受到尊重和被理解，这有助于建立良好的关系。

为此，关系的改善在于我们自己的内心。假如我们试着在生活中尽量把焦点放在自己身上，找一种喜欢的、跟身体有联结的方法去感受，我们会有不一样的体验。因为关系的改善不在于去学习什么技巧，或是去改变对方，而在于你自己的状态，你自己的状态调整好了，心胸开阔了，情绪变好了，就会有更多的内在空间和智慧来包容他人。

💬 技巧分享

☀ 积极共情。

我们都希望对方能够倾听并了解我们的想法，我们要修炼自己的内心，学会先处理自己的情绪，和他人建立良好关系，在彼此欣赏中积极共情，以此激发不断向上的力量。

比如对方说："我最近感到很焦虑。"你回应："你说你感到焦虑，但你仍然思路清晰地表达自己的想法。这一点比我做得要好。"

☀ 信任对方。

我们是陪伴对方一起"散步"的人，这可以拉近彼此的关系。这需要高度的自律，要坚定地信任对方，他有权选择自己想要的生活，他可以创造自己的未来。

比如对方说："最近感觉时间不够用，作业很多。"你说："你在这么忙的情况下还愿意抽空来找我聊聊，真的非常不容易。你是怎么做到这一点的？"

☀ 学会借词。

"借词"就是用对方的语言进行沟通。"你是说""你刚才说"等看起来很简单的词，但会产生很好的效果。让对方感觉你在听他说，你在意他的感受。

比如对方说："我朋友不太多。"你说："你是说，你到现在为止，朋友还不太多。"这会迅速拉近彼此的距离。

✿ **假借他人。**

有时候同辈之间会有些难以启齿,这时可以采用假借他人的方式拉近关系。"我曾在中学时有一个同学,也出现这样的状况,后来他是以什么方式解决的?"这种不带威胁性的话语,更容易让对方发生改变。

✿ **隐喻表达。**

我们要善用隐喻或游戏的方法来进行沟通。同学说:"因为有一门没有考好,感觉很绝望。"你可以说:"这让我想到一张纸,现在有一个小洞,但这张纸不是仍可以写字吗?"

✿ 心理训练

【自我训练】

练习微笑

微笑是带来身体与心灵健康的良药。拉开你的嘴角,开始笑对生活吧。

开始练习微笑吧,没有比这更简单的了。现在抬起你的头,来一个深呼吸。抬起你的头,昂首挺胸,眼光坚定,你就是在用行动宣告:我是成功者。而你的这个简单的动作,也在快速地改变你的情绪,让你更有信心。

✿ 互动拓展

寻找有缘人

1. 通过游戏让学生体验主动交往的乐趣。
2. 学生在交流中发现共同爱好,寻找志同道合的朋友。

一、活动时间

大约需要 20 分钟。

二、活动道具

1. 多种颜色的小方形纸若干张，将每张纸分别剪成四小块彼此能相互契合的形状。

2. 选择欢快的乐曲做背景音乐。

三、活动场地

室内为宜。

四、活动程序

1. 在背景音乐的欢快气氛下，主持人要求每个参与者从场地中央的盘子里选取一张自己喜欢的纸片。

2. 根据自己所选纸片的颜色与形状，到群体中寻找"有缘人"，"有缘人"手中的图形要能与自己手中的图形契合。

3. 找到了"有缘人"后，两人坐在一起，相互介绍自己，通过交谈找出彼此间存在的三个以上的共同点。

4. 全班交流分享。

五、注意事项

1. 此游戏比较适合于一个相互陌生的群体。

2. 纸片设计时可以 4 张相互契合拼成一个正方形，就会出现一人同时可以与两人相契合的情况。主持人可以要求第一个图形契合的人为"有缘人"，也可以要求只要是图形能契合的人都为"有缘人"。

3. "有缘人"可以是颜色相同且形状契合的人，也可以是颜色不同但形状契合的人，由学生自己理解决定。

4. 游戏还可以继续深入，在两个"有缘人"的基础上接着做"成双成对"，继续寻找图形契合的另两个"有缘人"。找到后，四个"有缘人"通过交谈，寻找彼此间存在的三个共同点。

第三章　关照：照射已有资源

> "关照"是照射资源与优势。任何事物都是白黑共存，我们要有一把手电筒，将光束的照射从黑转向白，从窄转向宽，从而寻找更多解决问题的资源。

❋ 心理导航

【生活现象】

※ 某同学感到自己太胖了，想要减肥，希望恢复两年前的好身材，可是自己却一直吃，一刻也停不下来，甚至会跑到大老远的地方去享受美食，所以减肥一直失败，自己沮丧极了。

※ 某同学因成绩下降而心情低落，同辈辅导时可以不去深究问题行为的根源，而是问他："那说明你之前成绩是很好的，成绩好的时候是怎么做到的？"

【正向心理】

假如我们只关注到这位同学为节食所带来的挫败感，他会越来越困扰，因为探讨失败，可能会更加沮丧。我们可以引导对方去看到自己可以为享受美食的愉悦而不辞辛劳的正向力量，或是欣赏对方想要改变的动力。多激发对方回想两年前拥有好身材的正向感受，鼓舞改变的决心；从中发现正向的力量，以及发现当年保持好身材的"秘诀"，即是问题解决的契机。

每个人都是解决他自己问题的专家。这样的问法是强调对方是具有自我治愈能力的个体，他才是真正解决问题的专家。强调对方用好自己的资源，利用资源达到改变的目标，也相信对方具备所有改变现状的经验，这就是"用手电筒光束照射"正向力量，而不是去看到缺陷；强调成功经验，而不是关注失败。

📖 理论简析

【知识分享】

一、例外照亮解决问题的路径

我们相信每个人都有解决问题的能力，即使在最困难的情况下，仍然有"问题不发生"或"问题没有这么严重"的时刻。树是一粒小小的种子生根、发芽、长大的结果，树种子在自己的身体里存储了长成一棵强壮大树所需要的一切。成长也是这样，我们的内心世界已经拥有解决困难所要的一切。

为此，协助对方将焦点从困扰转移到例外成功的经验上，就会拥有解决问题的方向和力量。

一般来说，可以询问对方例外的情况，"下一次你会做些什么不一样的事？""到目前为止，你认为哪些谈话对你有帮助？有，是哪一部分？没有，你觉得我们可以如何让这个对话对你有帮助？"

还可以询问对方："你是如何做到这一点的？"这是一种有力的回应。激发对方将注意力集中在已有的经验、智慧和技巧上。

二、多角度照射解决问题的方法

"固执"可以是不懂变通的贬义词，也可以是一种有主见的体现。同一个问题，我们从不同的角度来看，可以得出不同的结论。

比如，对于"困惑"，我们可以进行专业的解读和引导，其实还有另一种角度：尊重困惑，让困惑成为个人成长的历练。允许问题存在也是一种解决问题的方法。问题可以磨炼一个人，也可以击倒一个人。这个简单的道理大家都懂。假如我们意识到"不去解决也是一种解决"，心里会释然。

三、评分照射前进的一小步

评分技术不但看起来很简单，而且操作极为方便，连儿童都喜欢打分数。我们可以通过这样的问句，将抽象概念转为具体化的问句。

我们如果询问同学是否因为挂课而焦虑，若不使用一小步的技术，我们可能只能说："怎么了？这么焦虑，好像心情不太好？""告诉我发生了什么事情，好吗？"

但若是使用这个技术，我便能问来访者："现在有一把尺子，他的刻度是1~10分，越往10分代表你的心情越好，你会给现在的自己打几分？"

无论他回答几分，我们总有机会打破僵局，使对方开口。这个好处是可以帮着澄清状态，看到希望和信心，同时具有自我觉察、理清的功能。

分数可以轻松地代替文字，评分是一种非常有效的方法，不在于快速客观地评价对方，而是协助对方看到自己已有的资源。

"如果你在自己的评分量尺上提升一分，这个情况会给你带来什么不同？"

这样的评分可以协助对方快速地看到前进的过程，可以显示当事人的改变，让他人可以了解自己已经进步了多少，以及如何不断地往前走。

"根据你对自己的了解，发生了什么事，你可以知道你已经达到了想要的10分？""是什么原因让你选择这个分数，而不是更低的分数？"这些问句可以促使对方不断思考所拥有的资源及前进的方向。

技巧分享

◉ 目标的对话

在我们分享结束之后，你怎么能够知道这次交流对你是有所帮助的？假如今天的谈话是有效果的，你还会注意到哪些不同？或者，你认为今天发生的什么事情会让你觉得与我交流是值得的？

◉ 奇迹的未来

假设，今天晚上你在睡觉的时候，发生了一个奇迹，这个奇迹就是今天你谈的所有困惑都得到了解决，但你并不知道发生了这个奇迹，因为你在睡觉。第二天早上醒来的时候，通过发现什么你会知道发生了这样一个奇迹？第二天早上醒来的时候，你首先会注意到什么，使你相信奇迹发生了？你会有什么不同的表现？你会做什么与现在不同的事情？如果你不说的话，有谁会注意到你发生了这个奇迹？他们是怎么注意到你的？他们还会注意到你有哪些不同？

◉ 进步的迹象

最近一段时间，什么时候发生过类似于你所期待的未来的那种状况，哪怕是一点点相似？你是怎么做到的？

除此以外，你还会想起来哪些愉快的例外情况？

你做了哪些事情让你进步？

如果让你从1~10打分（10代表你最渴望的情况，1分相反），你现在处在几分的状态？

是什么让你打出现在这个分数，而不是更低的分数？

你做了哪些不同的事情？

刚才我们所提到的例外处在哪个分数？

◉ 提升策略

设想一下你的分数比现在高一分的话，你会注意到自己哪些不同？你会做哪些以前没有做过的事情？如何让其他人发现事情变好了？

在今天的谈话之后，有什么迹象可以表明你已经开始有一些进步了？还有什么？在这个过程中，谁可以给你信心和帮助？

❁ 总结谈话

你谈的……方面，我印象特别深刻，感到非常惊讶！

就你所谈的这些相关内容，你有哪些收获？

我们如何结束今天的谈话才能够对你更有帮助？你觉得什么时候交流一下这方面的进展会比较好？

心理训练

【自我训练】

寻找个人的资源

运用这一章所提供的方法与技巧，思考以下问题。

（一）在人际关系方面，我有哪些做得不错的地方，是如何做到的？

（二）总体来说，在学习状态上，可以给自己打几分，为什么不是更低的分数？

（三）我希望在哪些方面有更好的进步？我会做些什么不同的事？

互动拓展

手指的力量

1.让学生认识到目标一致的情况下，合作可以产生不可估计的强大力量。

2.让学生认识到任何人在合适的条件下，都可以最大限度发挥自身的潜能。

一、活动时间

大约需要 25 分钟。

二、活动道具

安全的海绵垫。

三、活动场地

室内室外均可。

四、活动程序

1. 先选取一名学生作为试验者，要求该生体重一般，不要太重。另外选取志愿者 16 人左右作为举人者；

2. 试验者平躺在地面上或是桌子上，双臂抱胸；

3. 16 个志愿者各伸出一个食指，不同的人用食指分别顶住试验者身体的头部、颈部、肩膀、后背、臀部、大腿、小腿、脚等；

4. 准备就绪后，喊一声"一、二、三"，大家一齐向上用力，就能把试验者托举起来；

5. 再从学生中选一位体重更重的人，重新做一次，看结果如何；

6. 游戏体验分享。

五、注意事项

1. 安全防护要到位。由于对于试验者来说，脱离地面有一定的危险性，所以他身下要有安全的海绵垫或其他安全措施。还要让参与活动的同学注意安全。特别是当举人者用手指顶住试验者的后背或肩膀时，试验者可能会感觉痒而发笑，这样会引起其他同学笑而导致大家的力量不一致。

2. 刚开始选取的试验者体重不要太重，第二次可选取体重较重或最重的。身体功能欠佳（哮喘、心脏病等）者，不宜参加此次游戏活动。

第四章　关注：小步进展线索

> 关注一小步的进展，形成正向发展的动力。"有什么事发生好的变化？"你要像观察花朵一样，不仅要仔细地观察，还要回忆之前的情形，才会注意这小步的变化。

❁ 心理导航

【生活现象】

※ 有同学经常抱怨说："来到大学后生活一团糟。"同伴问："从来到大学后，你的生活发生了什么好的变化吗？假如有一点点呢？"这个简短的对话是假定一定会发生变化，既有坏的变化，当然也会有好的变化。要使对方注意到一小步好的变化。

※ 某辅导员说："我每次见到学生都会问，今天和昨天比有什么不同，变好的部分是什么？这种小步提问技术非常好用。但假如对方说，比昨天更糟了呢？"

【正向心理】

我们要学会觉察生活一小步好的变化，就像观察植物长出的嫩芽一样，这个细微的变化可以使人备受鼓舞，令人振奋。这种感觉就像黑暗中拿着手电筒或者用放大镜去找重要的东西。

是的，我们经常会有这种情况。当对方说变好了，我们可以追问细节："怎样使事情变好的？还有其他的事情变得更好吗？"可当事情变得更糟时，我们必须尊重当事人的观点，可以带着好奇和尊重问："你最好的朋友会认为做了哪件事让你状况更好一点点？"或"你是如何应对这种不好的感受的？"

📖 理论简析

【知识分享】

一、小步技术

小步技术，是正向积极解决问题的方法。这是基于积极心理学多元价值取向而提出的，是在描述系统性的问题之后，如何优先启动一小步，才能持久地激发来访者发挥自身的潜能与能量。我们要学会注意到生活中一小步、正向、积极的变化，很多细节包含了令人出乎意料的惊喜。

大多数问题的解决难以立即实现，如同爬楼梯一般，优先启动哪一项工作才能激发更多的资源？优先观会给予我们突破的契机。

二、打破习惯

我们要学会注意一小步的变化，不断体验生活的美好和成功。一小步的成功可以帮助我们培养自信、发展力量。

讲一个有关大象的故事。我们看到这些巨大的动物被拴在前腿上的一条小绳子牵着后，感到十分困惑。没有锁链，没有笼子，绳子很细，很明显，大象随时都可以挣脱束缚，但出于某种原因，它们没有挣脱。

我们会问驯兽师，为什么这些大象只是站在那里不想逃跑。驯兽师说："当它们很小很小的时候，我们就用同样大小的绳子把它们绑起来，在它们小时候，这么细的绳子足够把它们绑住了。随着成长，它们习惯于相信自己无法离开，相信绳子仍然能困住它们，所以它们从不试图挣脱。"

我们都会很惊讶，大象力气这么大，本来随时都可以挣脱束缚，但因为它们相信自己不能挣脱，所以只能被困在原地。

我们要警惕大象效应，不断挑战自己，培养好的习惯，小习惯积累出大的变化。

三、系统改变

系统观是牵一发而动全身，一发就是小改变小进展，而全身是指系统的平衡和变化。比如"我和某同学相处得不好，他总是用那种不友善的语气对我。"关系是一个系统问题，到底是自己的做法导致同学的不好的态度，还是同学的态度导致自己的情绪？这是一个"鸡生蛋，蛋生鸡"的循环问题。

我们可以问："假如你跟同学说话时，语气更加平和，甚至还带有一些幽默感，会有什么不同？"对方或许会想，假如这样的话，他或许也会好一些。"那当对方语气好一些，你又会怎么样？"

这就是一种系统的思考，运用假设的方式，从而使事情发生一小步的变化。只有注意到一小步的变化，才可能发生系统的改变。

四、聚焦简单

比如对于一个经历危机后觉得"我现在什么都做不了"的人，我们要帮他把目标聚焦于他已做得不错的地方，问他："这么艰难的日子，是怎么做到自我照顾的？"通过聚焦，可以帮他找到内在的资源，使其获得心理的控制感，这就是一种积极心理学取向的对话。

五、立足做到

从"知道"到"做到"有不小的距离，一小步的行动可以缩短这个距离。"做"不仅可以产生良性循环，让来访者拥有积极正向的心理体验，而且可以检验目标的可行性。

尽量忙起来，在重大困难面前，我们会感觉特别无助，感觉什么都做不了，许多普通人都感受到无力。"忙"是一个动词，人类祖先就是靠忙生存下来的，一旦空闲下来，就会全身难受，胡思乱想。在情绪上有所波动时，通过运动、打扫卫生、看书等简单的活动，可以快速恢复心理上的失衡状态。

六、聚焦希望

聚焦希望才能关注一小步变化，霍金的量子物理学已经证明，宇宙间所有的互动都是一种能量传递，当你产生一个想法时，能量传递就已经开始了，你的行为，你的言语，包括你与人对视的眼神都无法逃离因为这个想法所形成的能量磁场。

这告诉我们，一个人特别愿意去做那些自己已经做过的、熟悉的、成功的事情。一连串小小的进步，就会累积成一大步，在这个过程中，特别需要帮他找到他可以应用的资源和力量，然后一小步地去增加他行动的力量。慢慢地，就会在困境中，看见最美的风景。

技巧分享

确认优势。

要善于发现对方的优势、特长或好的个性品质，以此激发对方一小步的进展。

接纳情绪。

在实际工作中，可以经常使用"虽然……但是……"的基本思维。比如，"虽然你说一直处于恐慌之中，但从这一点也可以看出，你对健康十分关注"。这可以使其从负性情绪的关注，转向积极的觉知及一小步的进展。

关注内心。

任何事情的发生都会有一个重要的理由，只是做法不同而已。我们可能会在慌乱和恐惧的驱使下做出一些盲目冲动的行为。我们可以这样给予支持："之所以这么冲动，一定有一个重要的理由。"这可以让他看到冲动背后良善的动机。

◉ **觉察动机**。

动机永远没有错。许多人因为家庭生活方式不同产生矛盾，有一位同学诉说父亲经常抽烟，为此，两人产生激烈的争吵。我们可以说："从你们争吵看得出来，你还是非常关心父亲的健康。"透过亲人之间表面的摩擦，看到争吵背后彼此的关心。

◉ **改变方法**。

坚持无效的做法只能得到同样的结果，"无效就改变"是一种基本的策略。可以试探性问问对方还可以采用哪些方法。

◉ **回应退步**。

我们要学会欣赏成长，也要接纳退步，更要看到退步后的不容易。退步了，说明曾经成功过，可以多问问过去是怎么做到的，或者问问如何保持稳定，没有使状况变得更糟糕。

心理训练

【自我训练】

我是侦探

拿出一张纸和一支笔，写下最明显的两项特征，如体型很胖、个子很高等，越具体越好。

待每人写好回收后，再抽签，每人按照自己手上的线索去寻找那位神秘人物。

找到后进行"挖宝"阶段，如他最喜欢的活动、血型、爱好及家庭住址等。之后依序请侦探带着所找到的神秘人物上台跟大家介绍。

互动拓展

最佳配图

1. 通过活动使学生学会"不妨听听别人的意见",在认真听取别人意见的同时完善自己。

2. 学会逐渐明确许多事情的答案是多元的,只是理解的角度不同而已。

一、活动时间

大约需要 20 分钟。

二、活动道具

印发"最佳配图",每人一张。

(十幅图,两行,上下两两相对)

三、活动场地

以室内为宜。

四、活动程序

1. 主持人将"最佳配图"资料发给大家,每人一张。

2. 请学生根据自己的理解,在 2 分钟内把 10 个图案作两两配对。

3. 全班交流"最佳配图",说出各自的理由。

五、注意事项

1. 要求学生之间先不讨论,独立完成"最佳配图"。

2. 在全班交流中,充分听取学生的不同意见,并将所有不同答案用不同颜色的线条汇总在一张图上,点评时一目了然。

多角度看问题,会得到多元化的结果;多角度欣赏学生,能促进学生多元化的发展,这才是教育的正确理念。

第五章 关键：建立互助团队

> 互助的关键是建立一支正向积极的覆盖"校－院－班－寝"的心理团队，不仅可以整体提升心理素质，而且还可以做好心理危机干预。

❋ 心理导航

【生活现象】

※"如何将心灵关爱的触角延伸到校园的每个角落，尤其是在当前心理老师普及无法满足同学们对心理辅导需求的情况下？"这是一个现实的问题。只要最小的单位（如寝室）有我们朋辈心理保健员，我们就能形成一个互助体系，每一个寝室和谐了，班级和谐了，班级就会为全校带来心理的安全和阳光。

※我们也建立了"校－院－班－寝"四级同辈心理互助队伍，如何让这支队伍发挥出很好的作用与价值？

【正向心理】

设立和发展寝室心理保健员，是建立同辈互助小组及危机干预机制的有效途径。我们大多数人都会有心态失衡的时候，而同寝室同学是我们身边最有效的资源和情感支持系统，在同学身陷困境时及时伸出援手，不但有助于问题的解决，化解心理危机，而且发展了深厚友谊，促进校园的和谐。

我们既要通过学校文件等以制度方式建立互助团队，更要加强培训及服务，创建"协同发展，分层递进"校园心理服务体系，通过"专业培训、自主学习、实践应用"等方式推动同辈互助向生活化及专业化方向发展，以此打造一支覆盖全校学生的心理互助服务团队。

理论简析

【知识分享】

一、秉承一种理念

我们要秉承正向积极的成长发展理念，让困惑学生得到帮助、让健康学生更加健康，让成功学生更加幸福。

首先是要有一支朋辈互助队伍。通过学校发文的方式，建立学校心理素质发展联合会、学院心理素质促进会，每班选拔一名班级心理委员，各寝室要有一名寝室心理保健员，从而确保朋辈互助体系及心理危机干预工作有效开展。

其次要以一个讲台或一本教材为平台。加强心理健康科普宣传，帮助这支队伍提升心理自助及互助能力，提高朋辈心理辅导技巧。谈论得多了，掌握的知识自然就多了，心理问题自然就少了。

最后，要有一套聘任、评价及激励机制。对于这支"以互助为特色，以兴趣为导向，以危机干预为重点"的队伍，要针对合格朋辈心理委员（如在网上聆听了6个讲座、阅读了一本心理科普书籍、举办了三次活动、进行了一次宣讲等）颁发聘书，以此激励同学参与的热情。

二、重视两个体系

一是成长发展体系：要实现全员参与、整体提高的心理素质教育的效果，就要对以体验式为主的正向积极的活动进行普及。同辈辅导员本身也是学生，与他们有着共同的经历、类似的价值观和情感体验，容易建立情感上的联系。同时，朋辈辅导员生活在同学之中，活跃在全校各个班级，他们能及时发现身边需要帮助的同学。因此，同辈的工作模式，既容易被学生所接受，也具有心理咨询无法比拟的独特优势。

二是危机干预体系：没有人比室友更了解同学的了，我们要充分利用现有的同伴资源，调动同辈的积极因素，依靠同寝室同学，通过聘任、培训等方式，使同学们及时对心理高危、经济困难、情感挫折、就业困难及生活中有变故的学生提供帮助或陪伴学生寻求专业辅导。

三、发展三种活动

一是朋辈互助活动：比如开展"一次幸福微宣讲、一次心情故事分享、一次温馨聚会，一次户外活动，一次心理主题班会，一次心理科普、一次开心抖音大赛"等朋辈互助活动；比如通过组建微信群，定期在群里交流各自的想法，分享各自的应对策略，共同探讨一些关心的问题，建构起互相支持的氛围。另外，也可以用网络视频来进行团队支持与分享，同辈间相互支持，适时地将你的感觉和经验与同伴讨论和分享，可以有效获得心理的支持，同伴的理解与支持，巩固和完善自身的社会支持系统。可以适时地将自己的感觉和经验与家人进行讨论和分享，与最信赖的亲人进行交谈，也可以适时表达负面情绪，这份情感支持弥足珍贵。

二是素质拓展活动：心理素质拓展训练以它独特的方式让学生在追求乐趣的同时，提高信心，自觉调节心理对客观环境的适应能力，进一步认识自己，激发个人潜能，促进学生自我教育、自我调整的心理健康教育长效机制的形成。

为此，我们重点打造"班级团体辅导及心理素质拓展"品牌活动，以新生入校教育为契机，在全校选拔一批优秀学生，让他们掌握一套团体心理素质拓展的模板，然后在新生军训期间对新生进行整体普及，使每一位学生提高心理素质，掌握心理素质技能，围绕活动效果不断提升及打造品牌活动。

三是辅导干预活动。要重点关心与陪伴支持"生理困难生、经济困难生、就业困难生、心理困难生、适应困难生及学业困难生"六种学生。要及时发现六变"性情、行为、语言、经济、身体及社会"及三托"托人、托事及托物"情况，同时要关注网络QQ动态等虚拟空间信息表达。

技巧分享

身体力行培养一个人。

选拔学生心理素质队伍中的负责人。辅导员及心理老师就要通过关心、关爱与温暖影响他，当负责人从老师这里学习到这些方法后，他也会将这种温暖传递给其他同学。以此，一圈一圈像水中波纹一样，向所有学生延伸和拓展。

通过培训影响一批人。

由老师提供网络及培训资源，使朋辈学生骨干从中得到成长和发展。华东交通大学每周二以"相约星期二阳光心理讲坛"的培训形式，形成"助人者自助"的心理健康教育模式，形成了普及率高、参与率高、危机率低的良好局面，带动了心理健康教育全方位多层次发展，成为共建和谐校园的有力"助推器"。

打造平台锻炼一伙人。

打造心理健康教育同辈宣讲团，选拔高年级的学生担当心理宣讲员，到全校各班级进行分享和宣讲，同辈宣讲可以拉近彼此的距离，同时也可提高高年级学生助人自助的能力。

有条件的学校可以打造校园心理情景剧平台，通过大众喜闻乐见的心理情景剧，让所有人都乐于参与其中，通过躯体的接触、内心的开放，关注心理的感悟与成长，在彼此接纳与互动的环节中，促进彼此共情、建立相互信任的互助校园心理氛围。

❋ 素质拓展服务全校新生。

"抓乌鸦""滚雪球""找零钱""解开千千结"等心理素质拓展游戏，让所有的新生享受着军训"心理大餐"。将心理素质拓展游戏融入到新生入学教育中，通过寓教于乐的方式来提高新生的心理素质，让新生更快、更快乐地适应大学新环境。心理素质拓展训练成为新生们最喜欢的课程，由该校心理素质宣讲员带领并指导，可以产生很好的效果。

心理训练

【自我训练】

生命中重要的他人

找一个安静的地方进行一个想象练习：我正乘坐飞机去旅行，目的地也许是马尔代夫，也许是海滨城市。

在飞机上非常开心，突然，空姐说："各位乘客，因为飞机出现故障，十分钟之后就要坠机。还有十分钟，请你把一件事做完，十分钟之后，你没有机会再去陪伴你的家人，没有机会去照顾他们。只有十分钟，你希望你最爱的人未来将会怎样，你希望他未来有怎样的人生？

把你对他的目标和期望，用二十个字，写在白纸上。

因为时间并不多，你只有时间写20个字。把你最想告诉对方的，把你对他的期望和目标，用20个字告诉他，写完了就抬起头示意。

接着你还可以做一件事，你还可以找一个人帮助他实现人生理想。招聘一个人，你会找一个什么样的人？把你对这个人的要求，写在纸的下面，找一个怎样的人，才会让你放心？他应具备哪些条件，把这些条件写下来。像写一篇招聘启事一样，招聘一个怎样的人？"

互动拓展

我是谁？

目标：协助学生认识自己眼中的我，及他人眼中的我；增进学生彼此熟悉的程度，增强班级凝聚力。

时间：10分钟

道具：A4纸，笔。

游戏方法：

1. 教师发给每位学生一张A4影印纸。

2. 学生两两分组，一人为甲，一人为乙（最好是找不熟悉的同学为伴）

（1）甲先向乙介绍"自己是一个什么样的人"，乙则在A4纸上记下甲所说的特质，历时五分钟。

（2）教师宣布活动的规定：自我介绍者，在说了一个缺点之后，就必须说一个优点。

（3）五分钟后，甲、乙角色互换，由乙向甲自我介绍五分钟，而甲做记录。

（4）五分钟后，教师请甲、乙两人取回对方记录的纸张，在背面的右上角签上自己的名字。然后彼此分享做此活动的心得或感受，并讨论：介绍自己的优点与介绍自己的缺点，何者较为困难？为何会如此？个人使用哪些策略度过这五分钟？两人之中须有一人负责统整讨论结果。

3. 学生三人一组或四人一组构成一大组，每大组有六至八人。

（1）两人小组中，负责统整的人向其他人报告小组讨论的结果。

（2）分享后，教师请每位同学将其签名的A4纸（空白面朝上）传给右手边的同学。而拿到签名纸张的同学则根据其对此位同学的观察与了解，于纸上写下"我欣赏你……，因为……"。写完之后则依序向右转，直到签名纸张传回到本人手上为止。

（3）每个人对其他组员分享他看到别人回馈后的感想与收获。

4.全班学生回到原来的位子

（1）教师请自愿者或邀请一些同学分享此次活动的感想与收获。

（2）教师说明了解真实的我与接纳真实的我的重要性。

* 第三篇 *

团助：团体心理素质训练

操作示例

操作过程

"知行合一"的心理学思想

第一章　团体心理素质拓展操作示例

为使本书实用性更强，达到拿来即用的效果，先提供了一套约两小时的操作示例。不需要有任何专业知识，使用这一章节就能让同学们在轻松愉悦的氛围中，达到提升心理素质的效果。

心理导航

【生活现象】

※ 心理老师带领30多位同学去关爱留守儿童，新华社记者全程跟踪采访，留守儿童成长训练营虽然只持续短短的三天两夜，对许多人来说也许只是平常的日子，但对于参加训练营的孩子们来说，这几天的欢乐和热泪却是那样刻骨铭心。学校负责人面对镜头，话没说两句，就感慨不已："我为这次训练营的成功感到讶异，几天时间，孩子们成长了，懂事了……"与孩子们分别时，孩子们顶着烈日冒着酷暑追赶着离别的车辆，一个个哭成泪人。

※ 心理老师带领全校需要帮助的24名学生到野外举办团体心理素质训练营，他们当中有长期失眠的、极度自卑的、精神抑郁的……一天一夜的户外心理素质拓展训练之后，孩子们的身心仿佛接受了一次洗礼，失眠的同学当晚睡得很好，自卑的同学在活动中展示了音乐才华后变得自信了，抑郁的同学变得精神焕发，浑身充满力量。

【正向心理】

2003年首次运用心理素质拓展训练的方式关爱留守儿童，是心理学服务社会的一种体现，同时也让人备受鼓舞，心理素质拓展训练对于整体提高学生心理素质是切实可行的，用于培养学生健康人格的效果是比较显著的。

如今，这些当年存在一些困扰的同学们都拥有了自己的幸福，也因这次团体素质拓展活动而结下了深厚的感情，并且还会不定期聚会，也坚定推广团体心理素质训练的信心。此后，每年新生开学，我们都要以班级为单位，通过培训班级学生骨干针对全校新生进户外团体心理素质拓展训练，将关怀的触角伸向校园的每一个角落。这不仅减轻了学校心理教育工作者的压力，而且还能在寓教于乐中让学生接受心灵上的启迪，进而形成自我教育、自我调整的心理健康教育长效机制。

理论简析

【知识分享】

一、自我介绍

各位好，我是学校心理健康教育宣讲团的XX老师，很开心在你们刚刚来到大学的时候就有这样一段美好的时间与你们相处。根据学校的安排，今天由我为大家主持心理素质拓展训练。这次活动主要是为了帮助大家尽快熟悉身边的朋友，尽快熟悉大学校园的生活环境，通过游戏、交流和分享来体验团队的力量和与人交往的快乐。我们希望，和往届的学长学姐一样，今天的活动能够成为你们大学生活中记忆最深刻的一部分。

二、制订规则

心理素质拓展训练重在体验、交流和分享，为了使我们今天的心理素质训练取得圆满成功，使我们的团队成为全场最优秀、最快乐的团队，在活动开始之前，我们来做一个口头约定。

你愿意在这个空间里吗？你愿意参与所有的活动吗？大家不妨做一个承诺。请跟我一起，把右手放在胸前，既然承诺，就要做得很庄重。我说一句，大家跟随我一句，到最后说到承诺人的时候，报自己的名字。

"我承诺，在课程中，我要充分掌握每一个技巧，听从安排，不做跟团体活动无关的事；我承诺，帮助每一位同学掌握每一个技巧，帮助同学做出突破，达到更好的效果；我承诺，当我们或其中一位同学在发言时，我会认真聆听。承诺人：XXX。"

把手放下，把目光投向在场的每一个人，同时也接受他们投来的目光。

请全体向左转，大家要是同意刚才的约定，请用你的右手握拳，敲一下前面同学的背部。预备：你们同意吗？好，谢谢大家，现在大家都盖上了同意这个约定的印章，那就请随我进入我们的活动吧。

请先伸出我们的左手，再伸出我们的右手，跟着我的口令，让我们的双手快速亲密接触十下。1、2、3、4……8、9、10，谢谢，我们把最热烈的掌声送给我们自己和现场的每一位同学。你们有信心成为全场最优秀的团体吗？然后，我们把心连结到一起，那么就请伸出你的右手，我需要你，伸出左手，我支持你。

三、融冰之旅之一：生日连线

请大家在不出声的情况下，利用动作和肢体语言按照生日的大小依次进行排队，以主持人的左手为起点，生日最小的站在主持人的左边，以主持人的右手为终点，生日最大的站在主持人的右边。生日不分阳历和阴历，只要是自己认定的那个日期就可以，整个过程不可以说话。当主持人询问时，认为自己调整好了的同学举起手，只有当所有人都举手之后才可以开始说话。大家要确保自己没有站错，否则自己后面的一位同学将会受到惩罚。

从生日最小的开始，请大家依次报出自己的姓名和生日，找出生日离今天最近的一位同学，请他到圆圈中间，全班同学为他唱一首生日歌。

可以简要分享，你是如何准确找到自己位置的。因为你站错了，所以你后面的同学受到了惩罚，你有什么感受？当全班同学提前为你送上生日祝福时，你的感受如何？

四、融冰之旅之二：轻柔体操

下面，请大家手拉手围成圈，我站在你们的中间。然后，全体向左转，闭上眼睛，（这时我一般会播放浪漫、温暖的音乐，如《相亲相爱一家人》《明天会更好》）相互给对方敲打一下背，闭上眼睛来感受助人及被人帮助。

全体向后转，反过来为曾经帮助过你的人敲打一下背或轻轻按摩一下，闭上眼睛来感受这种快乐。

这个环节结束后，我会让每人用一句话或一个词语来表达心情，以促进大家彼此的接纳与互动。

五、继续破冰（圆圈放心凳）

我会继续站在中间，请大家肩并肩站成一个圆圈，然后集体向右转，双手搭在前面一位同学的肩膀上，注意听主持人的指令。

读一则小故事，读的过程中所有同学匀速地绕圈向前走动，当故事中出现"乌鸦"这个词的时候，请迅速坐在后面一位同学的右腿上，后面的同学要尽可能把右腿放到合适位置，以便前面的同学坐稳。

持续进行,可要求大家加快走动的速度,当念完最后一个"乌鸦"时,所有同学都坐在后面同学腿上的时候,询问大家能够坚持多久,10秒?半分钟?1分钟?好,请所有人举起双手,我们一起倒数、一起拍掌。

这是一个欢快的热身游戏,不需做深入的分享,进行过程中当有很多人没有坐到后面同学腿上的时候,可以提示大家"有没有什么方法可以让你们做得更好?"

六、团体分组(马兰花开)

全班同学围成一个大圆圈,集体向右转,双手搭在前面一位同学的肩膀上,主持人带领大家一起唱一首儿歌《马兰花开》,一边行走一边为前面的同学轻轻地按摩。

儿歌末尾部分,全班同学一起问"花开几朵?",主持人答"花开N朵",所有同学根据主持人报出的数字组成一个个小组组合在一起。没有成功进组的同学可以表演一个节目或者大声地做自我介绍。

重复4~5轮,让成员体验进入团队的归属感和无法进入团队的失落感,主持人在最后一轮报出的数字最好是能够使全班同学都能够顺利进入小组。

七、组建团队(队名队歌口号)

通过"马兰花开"的游戏将所有同学平均分组,每组6人左右,组成一个家庭。

给每个小组20分钟时间:一是每个家庭内部相互交流认识,并进行讨论,选出队长,起队名,摆队形,定队歌(或口号)。

最后一起轮流进行展示,呐喊助威。

八、团队拓展（六足蜈蚣）

你知道蜈蚣长什么样子吧？下面将要出场的是一只六足蜈蚣，这是一种非常罕见的六足动物。

每个家庭派出六个人，他们必须作为一个整体穿越 10 米远的场地，队员身体必须直接接触，并且不能借助外物连接在一起。其他同学为参赛组员做安全保护。任何时候，每组只能有六个点接触地面，这些接触点可以是脚、手、膝盖或后背。如果游戏过程中，哪个队的接触点超过了六个，就必须回到起点重新开始。

告诉各位队长："若你们队失利了，则需要接受一定的惩罚，你愿意为你们的队员承担一切责任吗？"让队员知道这是一个具有竞争性的游戏——换句话说，他们要和其他组比赛。

给每个小组 5 分钟游戏计划时间。建议各组在计划时间内彼此分开，防止相互偷看。

比赛结束后，请最后一名的家庭成员发表感想。

九、训练解决方法（解开"千千结"）

各组同学分别手拉手围成一个圈，以最舒适的方式把手拉在一起，记住自己左手和右手分别拉的是哪只手。

记清楚之后，请大家在自己的圆圈范围内随意走动，主持人喊停的时候大家保持不动，并确保自己左右两边的人都已经不是原来的同学。

请大家站在原地不动，半分钟之内迅速找到自己左手拉过的手和右手拉过的手，然后紧紧拉住，在整个活动过程中都不能松开，形成一个"千千结"。

请大家集中智慧交流沟通，通过钻、跨、转等方法把这个结打开，重新回到最开始站的那个圆圈，但是任何人都不能在活动过程中松手。

当各组都顺利打开"千千结"后，可以将全体同学合并成一组，增加"结"的难度，重新进行游戏。因人数较多，此时搅乱结的方法可以是主持人拉着一位同学的手在整个圈中穿、跨、钻等，尽量使得"结"比较复杂。

请2~3位同学分享参加活动的感悟。

十、结束分享

大家一起围成一个大圈，手拉手，闭上眼睛同唱一首《明天会更好》，每人用一句话说出今天的感想。

把"心语纸"发给大家，所有人轮流在上面写下自己的感悟或者祝福，相互赠送留言，以示纪念。

十一、结束语

快乐的时光总是很短暂。同学们，今天的聚会就进行到这里了，感谢大家与我共同度过难忘的两个小时，这也将成为我们美好的回忆！感谢大家的热情参与，并留下自己的联系方式。如果大家感兴趣的话，我们还会组织第二次更精彩的活动，衷心祝福你们在学校的生活充满精彩，期待下一期活动中与你们再会。

技巧分享

❀ **通过体验式训练，可提高团体的凝聚力。**

以身体互动为取向的团队心理素质拓展，是一种喜闻乐见的形式，无形之中激发出助人自助的意识。具体来说，通过躯体的接触（如五人六足、连体赛跑等活动），促进内心的开放，以此获得心理的成长，在互动中促进彼此共情、建立相互信任、构建助己助人的互助校园心理氛围。

◉ 通过音乐营造氛围，可促进成员真诚交流。

心理素质拓展训练借助于音乐，营造一种氛围。比如，我常一起同唱《明天会更好》《朋友》等温暖的歌，以此来营造家庭般的安全感。在这样的氛围中，大家都会真诚地开放，坦率地交流，动人地诉说，说到动情处还会流下感动的泪水。

◉ 表达真诚与互动，促使面对真实的自我。

成员们摘下面具，勇敢地学习以真实的态度与他人相处，也可以学习面对真实。许多人都懂得相应的道理，但就是在现实生活中做不到。正如团体中有一个对女生恐惧的男生，我请他对团体的每个女生说"我喜欢和你交往，希望你能接纳我"，其他女生也对他给予积极的回应，多次练习以后，这个男生学习了一定的社交技巧，在现实生活中面对女生也很坦然，这体现了在游泳中学会游泳的道理。

◉ 献计献策中，学会解决问题的方法。

心理困扰与道路障碍有类似之处，如果困住了就成了障碍，反之，如果一个人有很多方法可以解决问题，就不再成为障碍。

事实上，每个人潜意识中会有"自动选择最好的"机制。想象一下，你搬到一个新的地方居住，三天内你便找出从住处到学校的三条路线，它们分别历时60分钟、40分钟和20分钟。假如所有的条件都一样，而且你只是想去学校，每次你想也不想便会走那条20分钟的路。假如尚有一条只需要15分钟的路，在你知道它的存在之前，你是不会走的，但是，在知道之后，你便想也不想地选择走那条新路去学校。

在团队心理拓展训练中，可以拓展解决问题的思路，让人在绝境中看到希望，在困难里寻找到解决问题的办法。

◉ 模仿学习中，可以提高相关技巧。

在一次拓展之后的分享中，同伴提到他的减压之道。他说自己每次学习两小时，就会到户外呼吸新鲜空气，或者闭目养神三分钟，这种良好的习惯可以让我迅速获得心灵的平静。

心理训练

【自我训练】

助人即助己

一日，夜深人静，锁叫醒了钥匙并埋怨道："我每天辛辛苦苦为主人看守家门，而主人喜欢的却是你，总把你带在身边，真羡慕你啊！"而钥匙也不满地说："你每天待在家里，舒舒服服的，多安逸啊！我每天跟着主人，日晒雨淋的，多辛苦啊！我更羡慕的是你！"

一次，钥匙也想过一过安逸的生活，于是把自己藏了起来。主人出门后回家，不见了钥匙，气急之下把锁给砸了，并顺手扔进了垃圾堆里。进屋后，主人找到了钥匙，气愤地说："锁也砸了，现在留着你还有什么用呢？"说完，把钥匙也扔进了垃圾堆里。

在垃圾堆里相遇的锁和钥匙，不由感叹起来："今天我们落得如此可悲的下场，都是因为过去我们没有看到对方的价值与付出，而是这山望着那山高，彼此斤斤计较，相互妒忌和猜疑啊！"

很多时候，人与人之间的关系都是相互的，互相扯皮、争斗，只能是两败俱伤，唯有相互配合、相互欣赏、相互团结、相互支持、相互信任、相互珍惜，方能合作共赢。是呀，不管是在哪里，帮助别人就是在帮助自己，合作才能生存。这就是团体的力量。

互动拓展

方法即智慧

在新生适应心理素质拓展训练中，其中有一个问题是"有多少种方式可以解决想家的问题？"，把所有成员分成五个家庭（我习惯于把小团体称之为"家庭"），让他们运用"头脑风暴法"以竞赛的方式解决这个问题。结果令所有人惊讶的是，在短短五分钟时间里，总共想出260多种解决问题的方法，每一种方法都代表一种能力。

对事情只有一种方法的人，必陷困境，因为别无选择。对事情有两种方法的人，也会陷入困境，因为他给自己制造了左右为难、进退维谷的局面。对事情有第三种方法的人，通常会找到第四、五种，甚至更多的方法，有选择就是有能力。

这给你的启发是什么？

第二章　团体心理素质拓展操作过程

从"制订计划"到"结束分享",详细地向你介绍了团体心理素质拓展训练的基本操作过程。记住:要学会游泳,必须要到水中去练习游泳。

心理导航

【生活现象】

※ 心理素质拓展训练是以游戏为载体的一种体验活动,那么,作为组织者该如何有效运用游戏?

※ 分享是团体心理素质拓展训练的关键。分享可以帮助参与的同学宣泄不良情绪,淡化、缓解、矫正及消除某些心理问题。如考试焦虑是同学们常见的心理问题,和自己处境相同的人居然还不少,从而焦虑感和孤独感会降低,不再认为自己是天底下最可怜的人了,就会产生归属感和被接纳感,从而更有安全感,那么应该如何有效地进行分享?

【正向心理】

游戏是为了实现团体心理素质拓展的目标而精心设计,需要大家积极参与的有趣、活泼的体验性学习方式。试举例:今天我们要来谈谈你们的人际关系,我要你们想一下在你们成长的过程中所有的不同感觉:你对母亲、父亲以及兄弟姐妹的感觉。也许你生活中还有其他重要的人,如祖父母、邻居或老师等。现在请大家在你们面前的这张硬纸上简略地画出小时候居住过的房子,你可以在房子四周任何地方增添任何你想放进去的东西。

在分享时，可要求成员坐成圆圈形，每个成员轮流发表意见。事先说明，为了保证团体活动的正常进行，消除成员参与分享的后顾之忧，促进成员主动分享，需要制订共同的分享规则：团体辅导中每个成员都必须参与分享活动，在分享时要学会倾听与尊重。但由于时间有限，每人说话以三分钟为限，让每个人都有机会表达意见，使大家听到更多不同的信息。为使合理的规则落实到位，组织者可根据团体特点做好活动分组。

📖 理论简析

【知识分享】

一、制订团体计划

能否计划一次有效的团体心理拓展训练的聚会将直接影响团体带领的效率。一般来说，领导在计划每次团体聚会时，最好慎重考虑如下问题：

（1）这个团体的性质是什么？
（2）这次团体聚会欲实现的目标是什么？
（3）这次团体聚会将选择什么主题？
（4）这次聚会将安排哪些游戏？
（5）这次聚会的每个游戏所占的时间是多少？
（6）这次聚会分几次？时间及地点？
（7）这次聚会将采用什么形式？
（8）这次聚会将会出现哪些可能性的问题？
（9）应对这些可能的问题的备选策略有哪些？
（10）游戏所需要的资源，包括人力资源、物力资源和财力资源是否充足。

二、招募或动员团体成员

要事先对欲参加团体的人员进行挑选或者动员（比如以班为单位的心理素质拓展训练），基本的目标是应尽可能地激发参与动机，他们的加入会促进团体心理素质拓展训练的进程，团体及个人期待方向基本一致等。

具体可以通过如下一种或多种方式完成，如：

（1）个别会谈及动员。

（2）欲参加成员的小组会谈。

（3）作为团体成员会谈的一部分内容。

（4）让欲参加者完成一份书面问卷。

三、首次聚会时如何开场

团体首次聚会关系到未来的团体气氛。团体动力学认为："组织者在他的每一道目光、每一个举手投足、每一个表情动作、每一句声音话语中，都在向成员表达他的性格特征，无法隐瞒，也无需隐瞒。"为此，组织者应将自己的情感、思想、经验等方面的信息告诉成员，与成员们共同分享。

在团体开始时最好传递温暖、信任、真诚、关心、助人、尊重等正性的信息。如：

让我用一分钟时间向你们解释一下我的角色。正如你们所知，在以后的6周中，我们将在每周三晚上聚会，这样你可以与他人交流你成长的体验。在这个团体中我的角色是促进交流和提供一些信息。在游戏开始时，我将会向大家介绍游戏，并引导大家分享。

四、让成员们相互介绍

组织者需要决定所选用的介绍游戏是要轻松、有趣或严肃的。常用的介绍成员的方法有：

（1）**自报家门**：请成员简单地介绍自己，内容可以是只说出自己的姓名，也可以多分享一些个人信息，如家庭住址、职业、专业、参加团体的原因、兴趣、嗜好、性格等。

大家第一次见面，不免有些拘束，谁先第一个介绍，可以通过组织者抛球等游戏方式来决定，然后依此类推。在介绍时尽可能将自己的本质的、典型的特征介绍给大家。

> 例如：大家好，很高兴认识大家，我叫XX……我很喜欢大家，希望大家也喜欢我。

（2）**名字接龙**。这是一个协助成员记他人姓名的游戏。组织者可以指定报名字的顺序，也可以不指定。当第一个成员说出自己的姓名之后，第二个成员要说出第一个人的名字和自己的姓名，如此类推，直到最后一个成员说完自己的姓名为止。

（3）**配对介绍**。组织者请成员两两自由配对，并各自与对方分享一些组织者所建议的个人信息内容，然后面向团体介绍各自的伙伴。

> 成员可能会说："这位是刘明，他喜欢踢足球和钓鱼，他有两个弟弟，在学校里喜欢外语，参加了心理协会。"

（4）**重复配对**。请成员轮流和每一个成员配对，并用2~3分钟的时间分享参加这个团体的动机和期望。此游戏只适用于7人以下的小团体，尤其是治疗、成长、分享、支持团体。

（5）**兜圈子**。此游戏适用于 12 人以上的大团体，可以让成员有机会和每一位成员接触，以加快彼此熟悉的速度。组织者安排 5 分钟时间，请成员兜圈子来互相碰面，并做简短的交谈。

"为了帮助大家彼此认识，我希望你们站起来，脸带微笑，然后在房间里自由走动并每一位伙伴碰面和接触。试着去记忆每个人的名字和他来这里的动机。现在就开始吧！"

像这样一个简单的游戏，可以为成员们提供与其他成员接触的机会并加速熟悉的过程。当组织者正在等一两位成员到达而其他成员都在独自安静地坐着时，这种方法特别有用。应用大姓名牌可能是帮助成员们记住其他成员姓名的最容易的方法。

五、如何做心理游戏

要促进团体讨论和提高成员的参与感，促进团体聚焦，吸引成员注意力集中在团体主题或议题上。

在大学生人际关系的团体中，组织者想要成员将他们对室友的愤怒主题的讨论转移到他们对自己的感觉时，可以这样说："似乎你们对室友有许多不同的负面情绪，我希望在这里我们的讨论能帮助你们以其他的角度来看待你们和室友之间的关系。我们现在要移到另一个主题，那就是你对自己的感觉如何？我要你们想想，对你自己，你比较喜欢的三个特质是什么？三个比较不满意的特质又是什么？

为成员提供体验性学习，避免仅仅在口头上谈论，组织者请所有成员将手搭在一起，围成一个紧密的圆圈，只有一位成员排除在外，这位圈外成员要尽力采取任何可行的手段试图冲破这道人墙，这个游戏主要帮助成员真实体验寂寞的感觉，并寻求获得他人接纳的方法。

此外，还有通过绕圈发言游戏提供有用的讯息以及增加团体的舒适水平的游戏，相识游戏、暖身游戏、配合游戏、团体按摩、传送面具等游戏。

六、对心理游戏进行指导

在成员进行团体游戏的过程中，组织者需要给予成员适时、适当和必要的指导。确定成员是否遵循指导语进行游戏。

例如，组织者发现成员配对分享一些与焦点主题和游戏目的不相关的论题时，需要再次向这些成员澄清游戏的内容。

团体游戏可能会激发某些成员的强烈情绪反应，组织者要根据成员情绪反应的强度、游戏类型与团体目标来选择相应的处理策略，如停止游戏并将焦点集中在这个成员身上，或与这位成员讨论他的情绪反应，或让游戏继续进行并允许这位成员安静地在旁边观察与倾听，从其他成员对问题的讨论中学习；如果组织者觉得这位成员的情绪反应过于强烈而无法处理，可请这位成员暂时休息直到游戏结束。

如果组织者觉得游戏的进行并没有产生他所期望的反应，或有其他更符合成员当前需求的主题出现时，组织者可以选择终止游戏或改变游戏方向。

一般来说，团体游戏会有一个限制性的时间。因此，组织者应该及时告知成员完成游戏所剩余的时间，以便成员调整自己的步调，并按时结束游戏。组织者也需通过观察成员对游戏的反应，来决定延长或缩短预定的游戏时间。

七、使用游戏后分享

一般来说，团体游戏结束后最好能确保每一位成员都发言，之后再将团

体焦点集中在某一成员或某个主题上,避免在第一位发言成员身上停留太长的时间。可以选择四种方法来处理游戏:

(1)配对分享。

配对就是将成员两两一组,讨论各自的反应、感受、想法或其他相关的要点。这种游戏可以提供成员之间彼此交谈的机会,促进成员在团体中的舒适自在感。一般来说,第一次团体聚会中使用配对游戏的时间最好控制在5分钟之内。

(2)绕圈发言。

绕圈发言是团体聚会中最有价值的方式。这种游戏为每个成员都提供了一个发表意见的机会,尤其是可以激励那些在团体中很少说话的成员来分享自己的内心感受,同时也让组织者能够回应那些需要协助的成员。绕圈发言的形式有:绕圈自我介绍、绕圈谈自我感受或看法、绕圈对主题或议题评分。

(3)书写方式。

接下来请你们将自己的感受写下来,希望你们能了解我们每个人都有自己看事情或问题的角度和方式,没有所谓的对或错。

(4)团体讨论。

我希望花一点时间来结束今天的团体,让我能知道你们的反应。想想你会如何评价这个团体,请用1～10的量尺来表示你的评价,1代表团体与你原来的期望相差很远,10代表团体满足了你的期望。如果你的评分不是10,请想想怎样才能使团体变成10分。

八、团体聚会结束

告知成员本次聚会即将结束是很重要的,可以这样说:

（1）我们必须开始准备结束了，所以希望大家思考一下今天的团体，想想它对你的意义是什么。

（2）因为只剩下几分钟了，让我们一起来回顾今天我们经历了什么。

（3）我想现在该是结束的时候了，接下来让我们花些时间总结今天的团体，同时简要地谈谈下一次的聚会。

（4）让我们进入结束时段吧！因为大约10分钟之后，我们必须结束这次团体聚会。

技巧分享

提问法

组织者可以在第一次团体聚会结束时段询问成员如下问题：

（1）这次聚会你感觉如何？

（2）现在的感觉和你参加聚会之前的想象有什么不同？

（3）这次聚会中的哪些东西令你的印象最深刻？

（4）在团体中，有什么是你不了解或不喜欢的？

（5）你对团体有没有任何的问题？如团体目的或将来要如何进行。

（6）今天你从团体中学到些什么？

总结法

这是结束单次团体聚会最简单而有效的方式。这种方式具体可分为：一是成员总结：请一个或几个成员来摘述聚会团体中发生的事情，其他成员做补充。发言者可以是自愿的，也可以是组织者指定的。二是组织者总结：组织者的摘述可以强调某些特定的观点，或集中焦点于某些成员的意见和感受，其缺点是可能遗漏对某些成员来说很重要的事情，因此，惯常的做法是组者摘述之后让成员做补充。

　　组织者：今天的这次聚会，我们进行了三个游戏，即……我看到各位很用心地参与，互相支持，尤其是大家在分享"生命中的心情故事"时，我深切地感受到阿华、阿力的勇气，阿彪、阿康的坚强……我相信大家身上的这些勇气、坚强和智慧，一定能够帮助我们取得成功。请各位始终记住，在自己的生活中随时发挥你的潜能。

☀ 绕圈发言

组织者请成员轮流用一两句话来表达自己的收获，或者是对团体印象最深刻的事情。

　　我们要结束这次团体聚会了。我希望各位花一分钟时间想想看：你学到了些什么？或对什么印象最深刻？当你们准备好了，我们就顺着圈子听听每个人的看法和感受。

☀ 配对法

组织者以配对游戏开始团体聚会的结束时段，是提高成员的参与感与活力的有效方式。

　　让我们花几分钟时间结束今天的团体聚会。我要你们两两一组。希望大家做的就是与你的伙伴分享今天团体中对你特别重要的一两件事，待会儿我们将回到大团体中，并与其他成员分享你的看法和感受。

☀ 书写法

在团体聚会的结束时段，组织者可以要求成员写出对这次聚会的看法、感想与期待。

现在是下午九点,让我们做个总结来结束这次聚会。首先我要你们花5分钟时间写出你对今晚团体的反应、想法或感受,然后我们将分享其中的一部分,并在晚上九点十五分结束。

也可以在团体聚会结束之前的5分钟,请成员将自己的感受、想法写在组织者日志中,等下一次团体聚会时再归还给成员。

采用书写日志的方式可以实现两个目的:一是组织者有机会了解成员的反应,便于针对性地调整以后的团体聚会;二是每次团体聚会结束时书写的组织者日志,提供了整个团体从头至尾的完整记录。

第三章　团体心理素质拓展比赛模板

班级内部、班级之间可以经常性举办团体素质拓展比赛，这种体验式、正向积极、寓教于乐的活动可以达到激发潜能、增强团队凝聚力的目的。本书提供一套比赛的模板，同学们根据这套内容，就能有效地开展比赛，并能帮助大学生提升心理健康水平，发掘自身成长潜能。

心理导航

【生活现象】

　　※ 在春暖花开或在秋高气爽时节，在全校举办团体心理素质拓展大赛，既可推动大学生心理健康教育，提高大学生心理素质，促进学校整体大学生素质的提高，也可塑造阳光心态，拓展智慧潜能。

　　心理素质拓展比赛既要重视心智潜能的发挥，同时要注重感悟与分享；既要体现大学生的青春与活力，同时也要注重整体学生心理素质的提升。

【正向心理】

　　快乐有时像套在脖子上的饼，所以动才能让自己快乐。素质拓展比赛就是将感官的刺激转化为内心满足的体验，这只有靠沉浸式体验式活动才能获得。假如你是辅导员或者学生干部，就可以按以下模板来组织团体心理素质拓展活动，增强同学们的快乐体验，让喜乐和幸福常驻每个人心中。

📖 理论简析

【知识分享】

快乐是个精神活动，只有精神活动才会给我们永恒的愉悦感。人是需要精神动力的，追求、好奇、冒险、冲动、不满足会带给我们焦虑与紧张。带有比赛性的团体心理素质拓展让我们释放焦虑，内心体验快乐！

一、比赛目的

加强班级之间有关心理健康教育工作的交流、学习与合作；激发同学们改善和加强心理健康教育工作的积极性；培养参赛学生克服心理惰性、战胜磨砺困难的能力，启发他们的想象力和创造力，增进他们对团队的参与意识与责任心；通过比赛和宣传，激发广大学生"关爱心灵，开发潜能"的积极意识和行动，从而营造阳光和谐的校园氛围。

二、组织单位

主办单位：XXX

承办单位：XXXX

三、参赛对象、时间、地点

参赛对象：以班级为单位

活动时间：1. 报名时间：4月20日—5月25日

     2. 比赛时间：5月25日（视天气情况而定）

比赛地点：学校田径场

四、比赛流程

序号	工作内容	简要说明	时间安排
1	发通知	向全校下发比赛文件,通知比赛有关的具体事宜。	4月20日
2	报名及筹备	各班级按照通知向组委会办公室报名,宣传比赛并选拔参赛队员,构建团队,推选队长,设计队名、队旗、队歌、队训等。	4月20日至4月27日
3	参加分赛区比赛	由于参赛队较多,为了提高比赛质量并为参赛单位提供便利,总决赛之前先设4个分赛区进行比赛,根据分赛区按比例或分值推选3-5支代表队参加总决赛。	4月28日至5月8日
4	参加总决赛	分赛区表现优异的16支代表队参加总决赛,进行最后角逐。	5月14日
5	表彰与宣传	对表现优异的代表队发文表彰进行奖励,并加强后期活动宣传,扩大活动的教育效果。	5月15日至5月25日

五、报名须知

1.各班级按照活动文件通知在规定时间内向组委会办公室报名,每班级限报1个参赛队;

2.参赛队员必须全部是本班学生(含专科生、本科生、研究生),身体健康,乐于参赛,每个参赛队限报队员12名,其中男生8名,女生4名;

3.每个参赛队可报领队和教练各1名(也可兼任),领队和教练应做好本参赛队的组织工作,协助负责参赛队员的安全,不允许直接参加比赛项目;

4.报名时请填写《大学生心理素质拓展挑战赛报名表》(见附件1),参赛时所有成员都需要携带本人身份证,供活动过程中查证。

5.为了节约比赛时间,部分项目仅限各参赛队伍的部分成员参加,参赛队需临时决定参加项目的人员,并由工作人员现场登记。

六、比赛安排

序号	活动内容	简要说明	时间安排
1	集合整队	各代表队按时进入指定区域集合整队	9:00–9:10
2	开幕式	组织者讲话、拓展教练宣布安全注意事项及比赛规则，启动比赛	9:10–10:00
3	团队展示	各代表队轮流展示自己的团队风采（预先设计好的队名、队旗、队歌、队训等），评委根据团队的风采、展示的内容、形式和特色打分。	10:00–10:30
4	热身环节	众志成城。总教练发出指令，所有参赛代表队同时完成该活动，评委根据各参赛组的实际表现打分。	10:30–10:40
5	竞赛环节	比赛时，各参赛队抽签决定参加各个项目的顺序，这样便于分散进行，节约比赛时间，充分利用场地。裁判对各参赛队进行比赛计时并排名，由排名来定各参赛队在各个项目中获得的成绩，最后相加求和。	10:50–12:00（第一轮）12:00–13:30（午餐午休）13:30–15:00
6	分享环节	每个参赛队派 1 名代表分享感受，限时 2 分钟，评委根据代表分享的内容、深度和特色打分。	15:00–15:30
7	结束返回	集合整队，公布比赛成绩，安全返回	15:30–16:00

七、比赛项目简介

（一）众志成城

体验指数：★★★　　**体能指数**：★　　**启发指数**：★★★

【操作流程】

所有参赛队员围成圆圈，集体向右转，双手搭在前面队员的肩上，按照教练的口令（走、跑、停）向前行进，当教练喊"坐"时，全体成员需要坐在后面一位同学的右腿上，并最后坚持一分钟。

【活动目的】

破冰热身，营造活跃的团队气氛，展示团队的合作与智慧。

（二）8人9足

体验指数：★★★　　体能指数：★★　　启发指数：★★★

【操作流程】

所有参赛队员搭肩排成横排，两两靠紧的腿用绳子绑在一起，组成8人9足的连体，然后从起点跑至终点并迅速还回起点，计算所花时间，记录各队名次。

【活动目的】

考察队员之间的协调与配合，增加比赛的竞技性。

（三）有轨电车

体验指数：★★★　　体能指数：★★　　启发指数：★★★

【操作流程】

全队所有人利用所给的特殊道具——有轨电车，按照规则用最短的时间完成比赛。两块木板就是一双鞋子，全组队员双脚分别站在两块木板上，双手抓住系于木板上的绳子，向指定的方向行进，先从起点前进到终点，再从终点退回到起点，计算所花时间，记录各队名次。

【活动目的】

考察队员之间的协调与配合，增加比赛的竞技性。

（四）鼓舞飞扬

体验指数：★★★　　体能指数：★　　启发指数：★★★★

【操作流程】

每名队员牵拉大鼓周边的一条绳子，通过绳子控制鼓面来颠球，在规定时间内争取获得更多的颠球次数。每名队员都须握绳子，手和鼓之间的绳子不能少于一米。每次颠球高度需要超过球的直径。球落地或者有人身体任何部位接触球，则此次颠球终止。

【活动目的】

考察队员之间的协调与配合。

（五）绝对传递

体验指数：★★　　体能指数：★★　　启发指数：★★★★★

【操作流程】

首先，小组中的两个队员分别站在起点和终点，然后给剩下八名队员每人一个一次性杯子，让八名队员相距2米，男女相邻排开，成一条直线，嘴巴咬着杯子。然后让起点的队员给第一个咬着水杯的队友倒水，让队员用嘴巴咬着杯子，跑到第二个队友前，将水倒入第二个杯子中，一个个传递到最后一名队员把水倒入在终点的队员手里的大水瓶中。直到所传递的水漫过大水瓶上的分界线则算成功。

注意事项：整个游戏的过程中水在杯子中时不能用手碰杯子，两名队员传递水时，不能用手帮忙。手碰杯子后，当杯水无效。用时最少的队伍获胜。

【活动目的】

考察队员之间的协调、配合、领导、智慧。

（六）穿越电网

体验指数：★★★　　体能指数：★★★　　启发指数：★★★★

【操作流程】

用绳子结好的蜘蛛网上挂了铃铛，参加比赛的每个队员都需要从蜘蛛网的一侧选择一个孔穿到另外一侧，并且整个过程不能有身体任何部位碰及蜘蛛网，否则重来。每个孔只能使用一次，不能重复利用。比赛计时，用最短时间使全部队员都穿过电网到达另一侧者获胜，并计分。

【活动目的】

考察队员之间的协调、互助、智慧。

（七）袋鼠跳

体验指数：★★★　　体能指数：★★　　启发指数：★★★

【操作流程】

各参赛队选择若干名队员参赛，参赛选手站入连体帆布袋中，用手向上拉紧帆布袋，要求从某一起点出发，跳行至终点，花费时间最短者获得第一名。

【活动目的】考察成员之间的协调与配合。

八、评分办法

环节	评分参考标准	分值
团队展示	团队风采积极阳光、队名队歌队训反映心理健康主题和学校特色、队员热情参与整齐合一	10分
竞赛项目	根据参赛队完成活动的时间或规定时间内完成任务的次数来评定名字，再按名字反序计分，例如10个参赛队参加某项目，第一名得10分，第二名得9分，依次类推，第十名得1分。	各个项目得分之和
分享过程	分享内容符合团体活动实际过程、表达流利、感悟深刻、具有启发意义和典型特色	10分
组织力度	整个参赛过程组织有序，积极参与比赛，确保参赛队员安全。一旦因组织不力出现安全问题，本项得分为0。	10分

九、奖励

大赛根据评委打分评选以下奖项，并发文表彰：

团体一等奖：X 名　　团体二等奖：Y 名

团体三等奖：Z 名　　最佳组织奖：N 名

十、安全指南

1.安全是本次素质拓展挑战赛的第一原则，为了保证活动安全顺利进行，请各领队和参赛队员仔细阅读，并严格执行以下注意事项：

2.比赛期间场地由组委会统一安排，请各参赛队员着统一、合适的运动服和运动鞋准时参赛；

3.本次比赛系团队活动，禁止参赛队员离开队伍单独活动；

4.在比赛过程中，请不要佩戴手表，首饰，口袋里不要存放硬质物件；

5. 活动期间必须服从培训师的安全警告、指导和管理，未经培训师的允许和指导不得私自攀爬场地道具，不得参加比赛计划外的项目，不得自行操作；

6. 如实向培训老师沟通身体情况，如有身体不适，应及时提出；

7. 比赛期间与该场比赛无关的人员请在指定位置观看，请不要到场地里大声喧哗和干扰比赛；

8. 爱护环境，将垃圾放到指定地点或随身带走，严禁破坏花草树木，比赛期间严禁吸烟；

9. 注意防寒防暑，活动期间不宜饮用酒精饮料，不要食用野生果实和不确定的水源；

10. 遇到紧急事件，冷静处理，听从培训师的安排；

11. 保管好自己的物品，活动结束后检查自己所带的物品。

十一、报名表

大学生心理素质拓展挑战赛报名表

编号：

报名班级				
总负责人		联系电话		
	姓名	性别	年龄	学院班级	身份证号
领队					
教练					
参赛队员					
说明： 1. 各高校报名请填写本表，并于报名截止日期之前将电子版发送至报名邮箱。 2. 如有疑问，请咨询相关负责人。

技巧分享

相信组织过活动的人都深有体会，要组织一次成功的比赛，并不是那么容易的事情，从寻找场地、联络嘉宾、确定日程，再到活动宣传、组织报名、现场环节设置等等，都需要投入大量的精力。总结了7条成功组织活动的要点，希望能够为你的活动组织工作提供一点帮助。

收集需求

在开始组织活动之前，你首先应该做的是收集参与者的需求，比如，他们对什么样的活动形式感兴趣，大家更倾向于在什么地方举行等等。可以邀请一些可能会对你的活动感兴趣的参与者加入进来，提出你对活动的构想，并倾听他们的感想，然后根据他们的反馈对活动进行调整，并让他们看到你的调整，这样能够最大限度地激发他们参与讨论的积极性，如果可能，可以分担一些组织工作给一些活跃分子。

确定场地

活动的形式和流程已经可以基本确定下来，接下来要做的就是确定活动场地，根据活动需求，需要向相关单位申请活动的场地。

发布活动

场地确定之后，下一步就是发布你的活动，让更多的人了解和参与了。要让更多的人参与，你就需要将你的活动发布到尽可能多的地方。

但是要注意，不管你将活动发布在了多少地方，应该确保他们都通过一个统一的方式来报名，比如邮件、电话、QQ等，否则收集参与者信息将会成为一件十分头疼的事情。

收集资料

有些组织者对这一点不太重视，觉得这个可有可无，只要人来了就行，但是如果你想要你的活动能够长期举行，那么收集和维护一份参与人员的联系表就显得十分重要，这不仅可以让你在下次组织活动时更轻松，也可以让你在活动结束后能够及时地收集参与者的反馈。

❂ 提供奖品

人总是会对意料之外的获得感到欣喜，所以为你的活动提前购买一些小奖品，价值不用太高，并在活动过程中以抽奖或者是奖励的方式派发给参与者，会收到意想不到的效果。这样只需要花很少的钱，就可以很好地提高活动参与者的积极性。

❂ 成果展示

作为活动的一部分，活动结束后，收集活动相关的照片，视频，文章并进行展示也是必不可少的，这可以让那些没有能够到现场参加活动的人了解到活动当天的情况，从而激发他们下次参加活动的兴趣。

心理训练

【自我训练】

花时间学习一些心理游戏并亲自体验一遍，可以帮您培养一个得力的团队。

学习并组织游戏过程也许充满艰辛。一旦您体验过了，你就知道它的好处了：你可以用一些简单的游戏，激发团队的凝聚力。

用各种方式去训练团队，并使它与你之间犹如"粘合了一层胶水"，将使你拥有领头羊的权威与个性上的亲和力，将最终使你独具人格魅力。

互动拓展

将成员平均分为多个小组（根据具体人数确定组数）。每个小组选出一名队长，并起队名，摆队形，定口号等。

各小组成员背对背围成一个圈，胳膊勾着胳膊，主持人宣布开始后，成员在双手不撑地的情况下集体站起来，向前走20米后返回原地，主持人根据用时最短原则分出名次，依次加5分、4分、3分、2分、1分。这是考验团队合作，力度要把握得刚刚好，同时移动的步伐要一致，要考虑后退走着的同学，队长喊口号，一二三，同时站立，前进时可以一边倒退走一边前进走，也可旋转式前进，各组自由发挥。虽然在草坪上进行，但是主持人仍然要随时留意活动过程中成员的安全。

分享与讨论：

队长起得作用是不是很大？你们遇到了什么困难？是如何克服这些困难的？

* 第四篇 *

即学即用：班级管理常用心理教育模板

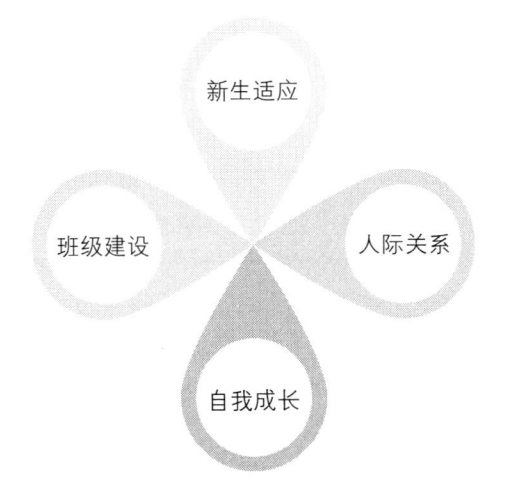

新生适应

班级建设　人际关系

自我成长

"知行合一"的心理学思想

这四个主题是辅导员及班级活动常用到的模板。辅导员、学生干部或其他实践者对它们做进一步的检验与扩充。

第一章 新生适应团体心理训练

来到大学，意味着新的成长，而成长总是与困扰相伴相随。心理困扰常常出现在那些追求完美和不愿意承担痛苦的人身上。为此，协助大学新生更好地适应大学生活，学会忍耐与等待，是提升大学生心理素质的良方。

你还会明白，健康的心灵意味着需要恒定的人生目标和坚定的信念，并不断激发信心，最终使症状消失在心灵成长的过程中。你完全有能力通过你的努力解决心理困扰，不过你最好能够及时地寻求专业的帮助。

第一次聚会：相逢是首歌

【目　标】

1. 引导成员参与团体及让成员互相认识。
2. 协助成员了解团体性质、进行方式并澄清成员对团体的期待。
3. 建立团体守则与规范。

游戏名称	活动流程	道具/备注
一、有缘相识	（1）在背景音乐的欢快气氛下，组织者要求每个参与者到场地中央的盘子里选取一张自己喜欢的纸片。 （2）根据自己所选纸片的颜色与形状，到群体中寻找能与自己图形契合的"有缘人"。 （3）找到"有缘人"后，两人坐在一起，相互介绍自己，通过交流找出彼此间四个以上的共同点。 （4）在两个有缘人的基础上接着做"成双成对"，继续寻找图形契合的另外两个"有缘人"，找到后，四个"有缘人"通过交谈，寻找彼此间存在的四个共同点。 　　相信相遇是一种缘分，所以当彼此找到"有缘人"时就会很珍惜。	◆ 多种颜色的小方形纸若干，每张纸分别剪成四小块彼此相互契合的形状。 ◆ 选择欢快的乐曲做背景音乐。
二、我们的家园	（1）以四个人或八个人为一个团体（一个家庭），让同学们制作"家庭"名片，然后贴在胸前。名片上要有"家"名及"家"号。 （2）然后进行"头脑风暴"，即在3分钟内分别说出如何才能让这个"家庭"更加温馨，每组指定一人负责记录。在3分钟后，请各组汇报他们所想到的主意及其总数。 **游戏规则：** ①不允许有任何批评意见； ②欢迎异想天开（想法越离奇越好）； ③我们所要求的是数量而不是质量； ④我们寻求各种想法的组合和改进。	
三、友情狗仔队	（1）"家庭"与"家庭"之间两两配对组成后，互相采访，采访时应面带微笑，并主动问好，采访内容包括： ①当你找到家有何感受？ ②双方彼此互相介绍自己。 （2）所有成员回到大团体，围成一圈，采用轮流方式分享感想。	

续表

游戏名称	活动流程	道具/备注
四、我们的团体	（1）邀请成员分享参加团体的经验，讨论对团体、组织者的期待。 （2）澄清团体的性质： ①团体的事交由团体成员共同决定。 ②组织者重视成员的承诺，对未达成者不会处罚，但会让他们表演一个小节目。 ③团体不探讨过去的失败，重要的是"现在你要什么"。	◆ 为增强团体效能，每次都有家庭作业。
五、山盟海誓	组织者说明：为了使团体能够更有凝聚力，所以必须制订一些规范来保障成员的权益。 组织者拿出团体契约拼图，由成员协力完成拼图，完成后分别请成员逐条念出，并请成员讨论团体规范，将讨论结果写在团体契约上。请成员在契约书上签名以示负责。	

第二次聚会：缘来一家人

【目　标】

1. 加强成员间彼此的了解。

2. 强化团体的凝聚力。

3. 让成员体会和感受个人与团员的关系，团体对个人的重要性，从而更愿意投入团体，增强团体的凝聚力，培养团员间的信任感。

游戏名称	活动流程	备注
一、无家可归	（1）全体成员手拉手，充分体会大家在一起的感觉。然后，指导者说"变5人一组"，成员必须按照要求重新组合。 （2）请没有找到家的成员谈感受，也可以请找到家的成员谈与大家在一起的感受。 （3）指导者可以多次变换人数，让成员有机会去改变自己的行为，积极融入团体，让组员体验有家的感觉，体验团体的支持，从而更加愿意与团体在一起。	◆ 游戏进行时，播放歌曲《相亲相爱一家人》以彰显同学们刚离家的一些思绪。

续表

游戏名称	活动流程	备注
二、记忆大考验	经过几次相处，大家对名字都有些熟悉，在这个游戏之前，再相互介绍一下，然后接着做下面的游戏： 　　（1）全部人围成一圈，从第一个人开始说"我是来自江西做事认真的舒曼"。 　　（2）第二个接着说"我是坐在来自江西做事认真的舒曼边上的来自湖北爱哭的陈东东"。 　　（3）第三个人接着说下去，但必须重复前面的同学信息。	◆需要大家用心聆听、认真记忆。在复述的时候，大家可以相互提醒。相信团体的力量是无穷的！
三、盲人吃香蕉	（1）每组2人。蒙眼面对面而坐，右手各拿香蕉一根。 　　（2）两人剥香蕉皮，靠感觉将香蕉送入对方口中，先吃完的为胜。 　　（3）旁观者可以指示，但不可动手帮忙。如大家关系很好，不会引起不快，偶尔也可以故意误导把香蕉送入鼻子。 　　（4）游戏结束后，可以进行一些简单分享：蒙着眼睛吃与平时有什么不同？你能否准确地把水果喂进同伴的嘴里？你的同伴能否准确地把水果喂进你的嘴里？你有什么感受呢？	◆融洽气氛，加强组员间相互信任。 ◆香蕉8根 ◆眼罩2个
四、备受排挤	（1）黑白配，抽出一人做箭靶。 　　（2）在地上画一个圆圈，或用绳圈也可，"箭靶"站在中间，其他人要拍打他最少3次。但不可被"箭靶"碰到，被碰到的人便要做"箭靶"了。 　　（3）"箭靶"可拉人入圈（这个圈一定要大一点），帮他一起捉人，即圈内人越来越多，直至所有人都入了圈为止。 　　（4）游戏之后分享讨论。	围圆圈的长绳子一根

第三次聚会：我要做万人迷

【目 标】

在互动中学习人际交往的基本知识和经验，培养积极的交往意识和心态，从中产生新体验，形成新认识，获得新技能，并将学习到的新知识、新经验应用到自己即将开始的新生活中去，在日常交往实践中不断提高自己的交往能力。

游戏名称	活动流程	备注
一、狗仔队记者采访	（1）将所有人进行分组，每组两人。 （2）指导者提问：在小组里谁愿意做A？ （3）剩下的人为B。 （4）指导者说：选A的人代表八卦杂志的记者，俗称"狗仔队"，代表B的人是被采访的明星（让同学们选择扮演自己喜欢的明星），A可以问B任何问题，B必须说真话，可以不回答，时间三分钟，不可以用笔记。 （5）三分钟后角色互换。 （6）游戏结束后，请一些小组的同学谈论在采访过程中，采访者和被采访者各自的感受。 （7）指导者引发讨论的角度： ①该游戏可用于沟通游戏当中，主要说明与陌生人进行交往的一些知识。例如，我们将谈话的内容分为几个层次，最外层的谈话是对客观环境的交谈，比如谈天气、谈学习，因此比较容易交谈；第二层是关于谈话者自身的一些话题，例如你的家庭状况如何？你是哪里人等问题；第三层更深一层，涉及个人隐私部分等比较敏感的话题，比如性、金钱的态度、个人能力的判断等；最后一层则是个人内心的真实世界，比如道德观、价值观等。不同层次的话题适合不同的场合和谈话对象，层次越高，双方的沟通和相互信任越能体现出来。 ②对于我们每个人来说，沟通能力很重要，就是要懂得循序渐进，将各自的心理保护屏障一层层剥掉，从而使同学们达到内心的信任，促使我们集体中每个人的相互了解。	◆此游戏还可以进行改编，即将原先的分组重新组合，每6人一个组，原来的搭档必须仍在同一组，可由A扮演B的角色，以B的身份说出刚刚所掌握的B的情况，并告诉其他队员；做完之后互换角色，达到小组成员能够迅速地认识同伴并建立关系的目的。

续表

游戏名称	活动流程	备注
二、自我探索	每位同学首先填写一个表格。内容包括3方面： 第一方面，讲在人际交往中，我期望自己有怎样的表现；而现实中，我的表现又是怎样的；在与人相处的过程中，我认为别人是如何评价我的。 第二方面，自己在与人交往时最担忧或者最在意的是什么。 第三方面，讲述一个在人际交往中自己亲身经历过的事例和当时的感受。 这个表格在上次游戏结束时发给大家，让同学们在本次游戏之前填写好，然后在本次游戏中与同组同学分享。小组同学就该同学存在的问题给予反馈，帮助找出影响他与人正常交往的问题所在，并给予解决问题的合理办法。	
三、戴高帽子	（1）留有1分钟的时间让同学们用心发现别人的优点和长处，并及时表达出来。真诚欣赏和赞美别人。 （2）第一轮让同学们用一句话大声赞美另一位同学。 （3）第二轮让被赞美的同学用简短的话语谈自己的感受。 （4）第三轮让刚才赞美别人的同学谈自己的感受。	
四、让爱住我家	（1）同学之间互赠"礼物"，即每一个人用精美的小卡片写一句祝福的话送给小组中的其他同学。 （2）每位同学谈收到别人"礼物"后的感受。	
五、总结	（1）请成员围坐成一圈，并绕圈发言，一人分享一句今天参加团体的感想。 （2）家庭作业：请成员写下自己目前或过去所碰到的人际困扰，以及想要改善的地方或达成的目标。	

第四次聚会：向"自卑"挑战

【目　标】

1. 了解如何向自卑挑战；

2. 了解犯错并不可怕，人不可能十全十美；

3. 使学员更能接纳自己。

游戏名称	活动流程	备注
一、班级计量	用茶几代表班级放在场地中央，全班同学围着它走动，感受自己和班集体的距离，选择一个自己感到舒服的位子站好。从里圈开始，每名同学分享为什么要选择这个位子以及自己的感受，鼓励处在外圈的同学到里圈感受氛围，全班同学体会凝聚在一起的感受，鼓励每一名同学说出自己想说的话。	
二、主席排	在本次游戏之前，与指导者研讨上课的内容（最好是有关新生方面的内容）与方式，指导者在旁指导，上课时则由此组同学主持游戏。其他各组表演的内容，由学员自行取材，可和其日常生活经验相配合，并能将所学的知识生动、自然地应用于日常生活之中。 　　（1）成员自我介绍：介绍职务并说出某一种自卑与挑战之道，例如："我是矮才自卑，因为我觉得我好矮，好难看；不过，今天我要向它挑战，虽然我不喜欢矮小，但还不至于'受不了'，况且个子矮做衣服还省布呢！别看我个子小，我还是有很多优点的，像我既公正、口才又好，所以今天发挥所长，担任'裁判'，评分后并作讲评，我们的评分方式是……。" 　　（2）"最后冲刺"：给各组五分钟做最后的准备。 　　（3）"拒绝自卑的小子"：各组配合主题进行游戏表演。各组可用歌唱、歌剧、话剧、讨论报告等方式来表现三个主题：平日最令自己自卑的事情，自卑时的想法，如何向自卑挑战。 　　（4）各组表演后，裁判评分、讲评，并进行讨论，其他组针对表演的主题，提出其他驳斥、对抗自卑之道。 　　（5）颁奖：颁发奖杯给表现优良的组别。	◆课前训练"主席排"，研讨上课内容与方式，并准备表明各成员职务之"职称排"与奖杯、奖牌等物。

续表

游戏名称	活动流程	备注
三、好孩子与坏孩子	（1）在地上画出一些圈圈，使学员能自坏孩子的圈圈（起点）走到好孩子的圈圈（终点）。 （2）指导者准备一些正向特征的卡片（约占所有卡的3/4），例如：聪明、宽容、坚强、团结等；一些负向特征的卡片，例如：受挫折时大发脾气、抱怨别人、不理朋友、欺骗老师等（尽量寻找一些与新生心理有关的词语）。 （3）进行游戏： ①每次请各组一至两位同学进行此游戏。 ②学员抽出一张卡片，若为正向卡片即前进一格，若抽到负向卡片，则不管其前进多少格，都必须再回到起点。 （4）进行讨论： ①询问同学，这一游戏是否公平？并请其解释理由。 ②理论上，几乎没有一个人走到终点（好孩子），问学员将一个人想成"全好"或者"全坏"是否合理？ ③请同学想想日常生活中，是不是常常因为有人批评自己或者做错了一件事，就让自己认为自己是坏孩子？把自己一下子降到起点"坏孩子"那一点，认为自己"我是坏蛋，我就如同你们所说的，我的其他好的特质都不算数"，这种想法合理吗？ ④问同学，当他遇到挫折时，还会不会记得自己拥有的一些好的特征？	
四、我的秘密花园	（1）请每位成员从上个游戏中所提出的具体行为目标中，挑选可以做到、也愿意做到的写在学习手册上。 （2）绕圈发表今天的参与心得。 （3）指导者提醒成员自我负责，团体不会责备任何人，也不会问为何失败，但愿意成为支持的力量。	

第五次聚会：相亲相爱一家人

【目　标】

1. 利用军训中习得的一些动作作为游戏的基础，通过团体游戏来增强团体凝聚力和合作精神，强化团体的向心力，使同学们看到团体的责任心；

2. 预告团体的结束，新的大学生活的开始。

游戏名称	活动流程	备注
一、领袖风采	（1）游戏第一步就是将所有参加的人，要求在两分钟之内平均分成两组。 （2）挑选男女队长各一名，组织团体进行比赛（队长不参加比赛）。 （3）指导者要求队长宣誓，问三个问题："有没有信心战胜对手""如果失败，敢不敢于面对队员的指责""如果失败，愿不愿意承担由此所带来的一切责任"。 （4）指导者宣布比赛规则： ①全队学员进行报数，速度越快越好； ②分别进行8轮比赛，每轮比赛间隔休息3分钟、2分钟（2次）、1分半钟（2次）、1分钟（2次）。 ③每轮比赛进行奖惩。输者，由队长率领队员向对方表示诚服，并对对方队员说："愿赌服输，恭喜你们！"并由男女队长做俯卧撑10次，如果以后再输，俯卧撑的次数将会成倍递增。赢者，全队哈哈大笑，以示胜利。 ④将每轮比赛的结果记录在白板上。 （5）游戏结束，播放抒情音乐《相亲相爱一家人》，诵读一篇散文（在最后一轮做俯卧撑的时候），让学员深深感受到责任是一种非常重要的人生品质。	◆每个人都同意所有的意见吗？如果不是，为什么？ ◆谈谈责任心对我们人生意义的体会。
二、我的行动计划	（1）请成员自由发表上周改造计划实行的成果： ①有没有发现生活有什么不一样？ ②身边的人有没有发现你的不同？ ③感觉如何？ ④下一步要怎么做？ （2）若没有达成，不问为什么，请该成员提出困难，其他成员提出其他建议，由该成员自行选择并决定要怎么改善自己的计划。 （3）组织者在过程中不断鼓励成员，并提醒每个人要为自己负责。	
三、把爱留住	（1）展现"家园录"：请教官和同学们一起写"临别赠语"。 （2）最后在《相亲相爱一家人》的歌声中，指导者选读一些留言，并做最后结束语。	

第二章　班级建设团体心理训练

> 要使心理健康教育覆盖到校园的每一个角落，就要重视班级建设。
>
> 要重视心理危机干预，就要建设"校—院—班—寝"四级队伍，班级建设心理健康教育的重要力量，将心灵关怀的触角伸向校园的每个角落。

第一次聚会：第一次亲密接触

【目　标】

1. 引导成员参与团体及让成员互相认识。

2. 协助成员了解团体性质、进行方式并澄清成员对团体的期待。

3. 建立团体守则与规范。

游戏名称	活动流程	道具/备注
一、集体报生日	（1）在背景音乐的欢快气氛下，组织者先自我介绍，说明班级与个人的关系。在这里可以引用一些故事，以活跃气氛。 （2）全班同学按照出生日期（年月日）依次站成一圈。 （3）请同学们报一下生日，看看班上有没有同年同月同日生的有缘人。分别和自己的左手边与右手边的同学打个招呼。 （4）给活动当天生日的同学过一个简单的生日，请全班同学一起为他唱首《生日快乐歌》，然后请他发表生日感言，如答谢其他同学、感恩父母。 （5）团体报数，看看要花多少时间才能完成这样一个团体目标，同学们会更加体会到个体与班级团体的关系。 可以变通：如可以报自己的生日、名字等。	◆准备一份生日礼物。 ◆选择欢快的乐曲作背景音乐。

续表

游戏名称	活动流程	道具/备注
二、雨点变奏曲	（1）宣布游戏开始。 （2）导师先后引导大家以如下四种方式发出声音： ①鼓掌。 ②巴掌轮拍大腿。 ③双手轮打响指。 ④双脚轮跺。 每种声音发出时，导师都将双手渐渐抬高（表示声音渐强）或压低（表示声音渐弱）。 （3）导师引导大家想象一下这些声音和夏季多变的雷阵雨是不是十分相似，譬如： ①双脚轮跺——"雷声" ②双手轮打响指——"小雨" ③巴掌轮拍大腿——"中雨" ④大力鼓掌——"大雨" ⑤鼓掌加跺脚——"暴风雨" （4）导师引导大家合奏"夏雨变奏曲"："乌云密布，一道闪电划过，雷声开始轰隆了，又一道闪电，又一阵雷声（要有渐强渐弱的变化，下同），小雨噼噼啪啪地下来了，行人慌忙躲避；很快地，小雨变成了中雨……变成了大雨……又是一阵雷声，暴风雨来啦！又是一阵雷声，大雨倾盆，雨渐渐地变小了，变成了中雨，变成了小雨……一阵又一阵雷声，大雨又降临了！但仅仅一会儿，（组织者双手猛地一收）雨过天晴啦！（整个过程，人们随着导师不断变化的指令与手势，相应地发出声响。）	◆主要是调动大家的情绪
三、全班共跳兔子舞	兔子舞是大家都了解的一种娱乐舞蹈，它重在游戏者的协调配合。玩这个游戏，全班同学需要听从统一口令，全神贯注地做出统一的动作，有助于培养学员的感情以及增进彼此的了解，同时让他们体会沟通与合作的妙处。 要求后面的学员用双手搭在前面学员的双肩上。 导师站在一边对他们发号施令：左脚跳两下，右脚跳两下，双腿合并向前跳一下，向后跳一下，再连续向前跳两下……	◆准备兔子舞音乐作音乐背景

续表

游戏名称	活动流程	道具/备注
三、全班共跳兔子舞	**相关讨论** （1）你们玩的时候，多久就会出现步调不一致的情况？为什么会出现这种情况？ （2）你们用什么方法使小组成员的步调保持一致？ （3）游戏进行到后面，这种情况是否有所改善？采用了什么方法？	◆准备兔子舞音乐作音乐背景
四、圆圈放心凳	（1）参加者围成一圈，向右转，双手搭住前面一人的双肩，要求所有人注意听一个口令（比如叫停就停，叫跳就跳，叫坐就坐——前一人要坐在后一人腿上，叫走就走），听到后必须按口令做，否则受罚。 （2）游戏开始，所有人听口令往前走，1-2-1，1-2-1，1-2坐，第一次一般会有人跌倒或者不坐下，不坐下的受罚。 （3）大家依然双手搭住前面一人双肩，但距离缩短，再试一次，所有人都坐下了，开始倒数10-9-8……1），站起。 （4）参加者双手再搭住前面一人的双肩，再试一次，应该都能坐下了。 （5）活动结束后可以请人谈谈感受。	

第二次聚会：相亲相爱

【目　标】

1.加强成员间彼此的了解。

2.强化团体的凝聚力。

3.通过团体合作与思考达到解决问题的目的，并体会个人在团体中的重要性。

游戏名称	活动流程	备注
一、同舟共济	（1）组织者先将全班分成几组，每组约十人。 （2）组织者分别在不同的角落（依组数而定）地上铺一张全开的报纸，请各组成员均进入报纸上，无论用任何方式都可以，就是不可以脚踏报纸之外。 （3）各组完成后，组织者请各组将报纸对折，再请各组成员进入报纸内。各组若有成员被挤出报纸外，则该组淘汰，不得再参加下一回合。 （4）上述进行至淘汰到最后一组时结束（勿过长），时间到，换下一轮上场，至轮完为止（以上约30分钟）。 （5）分享与回馈：请各位成员围坐成一圈，讨论刚才的过程并分享心得。 （6）组织者小结参考： ①要求得团体或班级的成功或胜利，唯有透过合作才能众志成城。合作乃在团体贡献一己之力，并取长补短，同心协力共同创造团体成功的机会。 ②解决问题时可借团体合作与思考达到目的，每个人在团体中都有一定的重要性。	◆活动材料：报纸数张 ◆活动时间：30～40分钟
二、合力顶气球	（1）气球不落地：运用身体各部位（除了手、脚以外）让每个人都碰到气球，并且不落地，拍打的人不可重复，一次为限。 （2）讨论重点： ①为什么试了好几次，总是不能如愿达成任务？发生了什么事？ ②要怎么做才能让任务顺利完成？"要"做什么或"不要"做什么？ ③举例说明自己的生活中会遇到的人际困扰。与人合作时，也会碰到类似的冲突情况，每个人都想用自己的方式完成任务，但是却像双头马车一样，事倍功半。 （3）说明团体是大家的，需要靠每个人的力量来共同达成目标。请成员自愿或互相推荐彼此，成为团体中的"股长"。例如：风纪股长、场地股长等，并讨论其工作内容。	

第三次聚会：名模训练班

【目　标】

1. 探索自己的正向特质。

2. 协助成员藉由分享他人成功经验，建构自己所能达到的具体改善目标。

3. 让参与者相互反馈自己在成员眼中的优点与缺点。

游戏名称	活动流程	备注
一、你在哪边？	（1）用数字1~10代表距离团体的距离，请成员就自己现在的心理状况，选择一个数字牌子站在上面。 ①你在团体里可以自在地发言吗？ ②你喜欢加入团体吗？ ③你喜欢和团体成员相处吗？ （2）相关讨论： 理由是什么？你希望参加完团体是几分？	
二、瞎子背瘸子	（1）随意自由两两搭配，最好是相互比较陌生的人，比如一男一女。 （2）男生背女生，男生当"瞎子"，用纱巾蒙住眼睛，女生扮"瘸子"，为"瞎子"指引路，绕过路障，达到终点，最早到达者，为赢。其中路障设置可摆放椅子（须绕行）、气球（须踩破）、鲜花（须拾起，递给女生）。 讨论： ①个人优缺点自我认识。 ②个人与班级团体合作才能顺利完成任务。	
三、自画像	画一幅自画像，用一种"动物"形容自己，描述自己的个性、特质（正负向皆可），每天最快乐的时刻，自己的愿望……下次将画带来与团体分享。重点是说明自己的参加动机，是否想改变自己的某些部分，或希望在团体中学到什么。	

续表

游戏名称	活动流程	备注
四、优点与缺点	游戏概述：此游戏用于要求每个参与者在无任何威胁的情况下，写出其他人的优点及缺点。此游戏特别适用于同一组或一同工作的，或者团体中互相了解的成员。 （1）令每个人都知道他们将有机会对团体里的每一个人的优点与缺点进行反馈，也就是说，你喜欢或不喜欢某人的哪一方面。 （2）告知每个人这是一项保密的活动，没有人被告知是谁写的他的优点与缺点的内容。 （3）给每个人一张"优点与缺点"表格，并告诉他们每人为其他人至少写出一条。 （4）收集每张答卷，混合一起并对每个人念出写给他们的意见，首先要从自己念起。 **讨论题目：** ①所有的意见都正确吗？ ②有没有互相矛盾的意见？ ③现在是否有人不愿意与别人同在一组？	◆所需时间：30~45分钟 ◆所需物品："优点与缺点"表格，每人一支钢笔

第四次聚会：班级管理

【目 标】

1.班级管理与被管理的重要性；

2.合作的重要性，使同学们互助合作形成共识，完成班级各项活动。

游戏名称	活动流程	备注
一、你说我做	（1）将全班分成若干组，每组4~6人为宜。 （2）每组讨论三分钟，根据自己平时的特点分成两队，分别为"指导者"和"操作者"。 （3）请每组的"操作者"暂时先到教室外面等候。 （4）组织者拿出自己做好的模型，让每组剩下的"指导者"观看（不许拆开），并记录下模型的样式。	◆游戏前准备：组织者先用积木做好一个模型。 ◆道具：七彩积木

续表

游戏名称	活动流程	备注
一、你说我做	（5）15分钟后，将模型收起，请"操作者"进入教室，每组的"指导者"将刚刚看到的模型描述给"操作者"，由"操作者"搭建一个与模型一模一样的造型。 （6）组织者展示标准模型，用时少且出错率低者为胜。 （7）让"指导者"和"操作者"分别将自己的感受用彩笔写在白纸上。 **讨论要点：** ①身为指导者的你，体会到什么？ ②身为操作者的你，体会到什么？ ③当操作者没有完全按照你的指导去做的时候，身为指导者的你有什么感觉？ ④当感觉到你没能完全领会指导者意图的时候，身为操作者的你有什么感觉？ ⑤指导者和操作者感受到的压力有什么不一样？	◆游戏前准备：组织者先自己用积木做好一个模型。 ◆道具：七彩积木
二、蒙眼图形	蒙着眼睛做游戏，一个团体还能合作愉快吗？因为我们是一家人，因为我们有着共同的目标，所以我们能行！ 规则：用眼罩将所有学员的眼睛蒙上，在蒙上前先观察一下四周的环境。然后，将双手举在胸前，像保险杠般保护自己与他人。目标是整个团体找到一条很长的绳子，并将它拉成正三角形，且顶点必须对着北方。完成时每个人都能握住绳子。 **讨论：** ①回想一下发生过什么事。 ②各位是怎么找到绳子的？ ③各位是如何拉正三角形的？ ④想象和蒙上眼之前看到的差异大吗？其他人当时的想法如何？ ⑤各位觉得绳子像什么？ ⑥这个游戏和工作类似吗？ ⑦游戏最有价值之处是什么？ ⑧如果再玩一次，你会怎么做？	◆注意：场地应选择在户外草地上进行，以免跌倒受伤。 ◆教具：粗棉绳一条、眼罩（依人数而定）。

续表

游戏名称	活动流程	备注
三、合力举胖子	在班级中挑选个头最大、体重最重的学员，请他坐在讲台上的一张座椅上，另外在学员中挑选四名瘦小的学员，请他们上台， 要求：四名瘦小的学员要合力将坐在椅子上的胖学员举起来，维持3分钟，要求每人只能用自己的一到两根手指。 分析： （1）不要认为不可能。 （2）要善于听取组织者的引导。 （3）利用正确的方法。 （4）通力合作。	

第五次聚会：我爱我家

【目　标】

1.通过团体活动来增强团体凝聚力和合作精神，强化团体的向心力，使同学们看到团体的责任心；

2.预告团体的结束，新的大学生活的开始。

游戏名称	活动流程	备注
一、未竟事宜	（1）请成员分别以立姿（表示完全按计划达成）、半站姿（表示按计划达标率七成）、坐姿（表示按计划达标率三成）及趴姿（表示计划完全没有达成）来表示自己上周计划实际达成度。 （2）邀请成员提出实行计划过程中所遇到的问题及困难，并鼓励成员针对实行计划过程中的问题做探讨。 （3）组织者给予达成者口头鼓励，邀请其承诺继续执行。若没有达成，不问为什么，请该成员提出困难处，其他成员脑力激荡提出其他建议，由该成员自行选择并决定要怎么改善自己的计划。	

续表

游戏名称	活动流程	备注
二、一路有你	（1）两两一组（利用扑克牌，同花色的人一组），一个人蒙住眼睛，另一人不得使用双手，由蒙住眼睛的成员借由另一位伙伴的口语指令，到达指定地点，并把果冻（或其他糖果）拆开，喂食对方。 （2）活动结束后，请成员分享心得。	
三、向往未来	（1）组织者请成员花10分钟去观赏别人的学习手册。 （2）由成员间自行评分，最后统计最高分（作品最为用心、计划达标率高者），记优点10次。 （3）组织者拿出团体共同制作的作品，并带领成员一同回顾五次团体的内容。 （4）给每人发一条铁丝，请成员按照：参加团体前→五次团体过程→未来人际生活发展顺序，用铁丝的曲折高低来表达心情变化。 （5）每人轮流解说自己作品的含义。 （6）鼓励成员相互馈赠。 （7）请成员将作品贴于学习手册中。	
四、礼轻情意重	（1）给每人发一张空白纸卡，请成员运用上次回家作业打的草稿，依序在其他成员的小纸卡上，画下或写下给他的"礼物"。 （2）相互馈赠：说明送礼原因，以及给对方打气或鼓励的话语。	
五、明天会更好	（1）组织者总结，鼓励成员在未来生活中继续为自己负责，落实自己的计划。 （2）请成员填写回馈单。 （3）手挽手同唱《明天会更好》《相亲相爱一家人》。	

第三章　人际关系团体心理训练

> 一个人现实的人际关系是他的内心世界向外投射的结果，而他的内心世界又是在早年的时候与其父母亲的相处中形成的。换句话来说，如果爱这个世界，那么个人内心交往模式一定是温暖的。因此，培养良好的人际关系，有助于提升幸福感。

第一次聚会：初次相识

【目　标】

1. 引导成员参与团体及让成员互相认识。
2. 协助成员了解团体性质、进行方式并澄清成员对团体的期待。
3. 建立团体守则与规范。

游戏名称	活动流程	道具/备注
一、破冰	请大家站起身子，在训练室随意走动，听从组织者的口令，分别用"脑（头）、眼、口、耳、心、手、脚"来向其他成员打招呼，最后再回到位子坐下。 （打招呼时，用音乐辅助气氛）	
二、找朋友	让所有人在圈内随意走动，并向每一个人微笑握手。 当组织者叫停时，所有人都停止一切游戏，距离最近的两个人就是今天的第一对朋友。然后，两个人手拉手、面对面坐下来聊天。	

续表

游戏名称	活动流程	道具/备注
三、真情对对碰	（1）两两成对后，聊天两分钟，然后自由组队，组成四人一组的小家庭。分别进行他者介绍，即把自己的第一个朋友介绍给他人。四人小家庭进行交谈。 （2）两个四人小家庭合并成一个八人大家庭。自由交流，相互认识。 （3）选出大家庭的队长，编队歌、口号等。组成一个个具有很强团体凝聚力的家庭团体。	
四、山盟海誓	组织者说明：为了使团体能够进行顺利，必须制订一些规范来保障成员的权益。 组织者拿出团体契约拼图，由成员协力完成拼图，完成后分别请成员逐条念出，并请成员讨论团体规范，将讨论结果写在团体契约上。请成员在契约上签名以示负责。	
五、总结	（1）检验团体的凝聚力。 （2）手挽手高唱《明天会更好》，直至热血沸腾。	

第二次聚会：沟通无限

【目　标】

1. 加强成员间彼此的了解。

2. 强化团体的凝聚力。

3. 让成员体会和感受个人与团员的关系，团体对个人的重要性，从而更愿意投入团体。培养同学们之间的团体凝聚力和信任感。

游戏名称	活动流程	备注
一、爱在指间	（1）成员围成人数相等的内外两个圈，内外圈的人两两面对面。 （2）组织者喊"手势"，成员伸出手指，伸出 1 根手指表示"我现在还不想认识你"；伸出 2 根手指表示"我愿意初步认识你，并和你做个点头之交的朋友"；伸出 3 根手指表示"我很高兴认识你，并想和你做个普通朋友，对你有进一步的了解"；伸出 4 根手指表示"我很喜欢你，很想和你做好朋友，与你一起分享快乐和痛苦"。 （3）组织者喊"动作"，如果两个人伸出的手指不一样，那么站着不动，什么动作都不需要做；如果两个人都是伸出 1 根手指，那么各自把脸转向自己的右边，并重重地跺一下脚；如果两个人都是伸出 2 根手指，那么微笑着向对方点点头；如果两个人都是伸出 3 根手指，那么主动热情地握住对方的双手；如果两个人都是伸出 4 根手指，则热情地拥抱对方。 （4）每做完一组"动作—手势"，外圈的成员就分别向右跨一步，和下一个成员相视而站，跟随组织者的口令做出相应的手势和动作。以此类推，直到外圈的同学和内圈的每位同学都完成了一组"动作—手势"为止。 （5）思考讨论： ①刚才自己做了几个动作？握手和拥抱的亲密动作各完成了几个？为什么能完成这么多（或为什么只完成了这么少）的亲密动作？ ②当你看到别人伸出的手指比你多时，你心中的感觉是怎样的？当你伸出的手指比别人多时，心里的感觉又是怎样的？ ③从这个游戏中你得到什么启示？	

续表

游戏名称	活动流程	备注
二、撕纸	人数：20人左右最为合适 时间：15分钟 材料：准备总人数两倍的A4纸（废纸亦可） 适用对象：所有学员 活动目的： 我们在平时的沟通过程中，经常使用单向沟通方式，结果听者总是见仁见智，按照自己的理解来执行，通常都会出现很大的差异。但使用了双向沟通之后，又会怎样呢？差异依然存在，虽然有所改善，但增加了沟通过程的复杂性。所以什么方式是最好的？这要依据实际情况而定。作为沟通的最佳方式，要根据不同的场合及环境而定。 操作程序： （1）给每位学员发一张纸。 （2）组织者发出单项指令： ——大家闭上眼睛 ——全过程不许提问题 ——把纸对折 ——再对折 ——再对折 ——把右上角撕下来，转180度，把左上角也撕下来 ——睁开眼睛，把纸打开 组织者会发现各种答案。 （3）组织者请一位学员上来，重复上述的指令，唯一不同的是这次学员们都可以问问题。 有关讨论： 完成第一步之后可以问大家，为什么会有这么多不同的结果（也许大家的答案是单向沟通，不许提问题，所以才会有误差） 完成第二步之后又问大家，为什么还会有误差（希望说明的是，任何沟通的形式及方法都不是绝对的，它依赖于沟通者双方彼此的了解，沟通环境的限制等，沟通是意义转换的过程）	

续表

游戏名称	活动流程	备注
三、我说你画	第一次：不许提问题；第二次：可以提问。 我说：请画一个圆，在圆的右侧画一个等腰三角形，在这个三角形右侧画一条直线，在直线下端连接一个长方形，在这个长方形左边的中点画一条水平线，线上连接一个正三角形，在这个三角形的左下角连接一个正方形。 （一位数学老师的描述：请画一个圆，在圆外画一个等腰三角形使顶点在右侧圆周上，底边与水平线垂直。向下延长底边到一个水平位置的长方形的中点，从长方形左边中点向外作一水平线段，以该线段为一边，在上方画一个正三角形，下方画一个正方形，使正方形的右顶点与三角形的左顶点重合。） 大家感受分享 （人与人的沟通需要提问，需要交流，不能够自以为是。提问越细，了解到的就越接近真实。问得越多，自己想象和创造的情形就越少）	

第三次聚会：解开人际千千结

【目 标】

在互动中学习人际交往的基本知识和经验，培养积极的交往意识和心态，从中产生新体验，形成新认识，获得新技能，并将学习到的新知识、新经验应用到自己即将开始的新生活中去，在日常交往实践中不断提高自己的交往能力。

游戏名称	活动流程	备注
一、解开千千结	（1）每组 16 人（即两个团体）手拉手围站成一个圆圈，记住自己左右手相握的人。 （2）在节奏感较强的背景音乐声中，大家放开手，随意走动，音乐一停，脚步即停。找到原来左右手相握的人分别握住。 （3）小组中所有队员的手都彼此相握，形成了一个错综复杂的手链。节奏舒缓的背景音乐中，组织者要求大家在手不松开的情况下，无论用什么方法，将交错的"手链"解成一个大圆圈。	◆强调记住自己左手、右手相握者，不要搞错。
二、突围闯关	（1）组织者说明游戏规则，然后团体围成一个圈，手和手臂互相勾结紧，形成包围圈。 （2）选一位组员站在圆圈中央，扮作被围困的人，他可任意选用钻、跳、推、拉等办法突围。 （3）圈上的组员各尽全力，想方设法不让被围困者逃出。 （4）当被围困者灰心时，队员们又要鼓励他努力突围出去。 （5）轮换组员在圆圈中央当被围困者。 （6）分享每个人在突围时的感受。	
三、头脑风暴	（1）组织者请成员闭起眼睛认真地回想一件曾经发生在自己身上的冲突事件。 （2）组织者发下白纸，请成员写下自己曾经遇到过或最近面临的人际冲突，并将纸张折叠起来放到团体中央。 （3）请成员两两分组，每组抽出两张白纸，一起来脑力大革命，共商对策。 （4）回到团体中，将刚刚的讨论内容分享出来。 （5）组织者统整成员的回答，做总结。	

第四次聚会：喜欢你喜欢我

【目　标】

1. 了解如何向自己挑战；

2. 了解犯错并不可怕，人不可能十全十美；

3. 使学员更能接纳自己。

游戏名称	活动流程	备注
一、镜中人	学员两人一组，一人扮"镜子"。另一人做动作，"镜子"就要立即跟着做，学得越像、越快就越好。轮流交换角色。 　　讨论：只要我们愿意，就可以模仿他人的一举一动。因此，也可以模仿成功人士的言谈举止，以求成功。	
二、你喜欢谁？	一、提问：你们通常都喜欢什么样的人？社会心理学研究表明，人通常会喜欢以下类型的人： 1. 喜欢自己的人 2. 赞赏自己的人 3. 看起来令人愉快的人 4. 同意自己观点的人 5. 为自己服务的人 6. 自己为之服务过的人 7. 有能力的人 8. 与自己观点一致的人 9. 有共情能力的人 10. 主动与我们交往的人 11. 热心助人的人 12. 外貌有吸引力的人 其他，由卡耐基总结： 12. 以真诚的方式让我们感到重要的人 13. 真诚地对我们的话题感兴趣的人 14. 总提到我们的名字的人…… 　　二、提问：你们通常不喜欢什么样的人？ 　　（把大家的观点罗列出来，通常有一个共同特点需要特别提醒大家，那就是，在大家罗列的特质中，智力因素与非智力因素的比例。）	

续表

游戏名称	活动流程	备注
三、悦纳自我	（1）学习悦纳自己（20个"我擅长做……我真棒！"） （2）学习关爱自己（20个需要罗列"我需要……"；自我宣言："我有义务满足自己的需要"） （3）学习忠实于自己（尊重自己的感受，学会对不合理要求说"不"，怎样得体地拒绝别人，怎样得体地表达自己的观点和感受，全部要求罗列具体的句式） **讨论：** ①"现在请大家谈谈别人的称赞带给自己的感受，再换位想一下，别人看到我们的称赞时会有什么感受？" ②"别人的称赞和你自己评价的异同给你什么感受和启发？"	

第五次聚会：相亲相爱一家人

【目 标】

1. 利用军训中习得的一些动作作为游戏的基础，通过团体游戏来增强团体凝聚力和合作精神，强化团体的向心力，使同学们看到团体的责任心；

2. 预告团体的结束，新的大学生活的开始。

游戏名称	活动流程	备注
人际关系成功树	一、提问：如果你有选择，那么你通常愿意和什么样的人合作？（把大家的观点罗列出来，然后找共同点）。 会使人愿意与自己合作的人的个人特质： 合作、信任、共情、感恩、负责、信用、真诚、能力…… 二、提问：如果你有选择，那么你通常不愿意和什么样的人合作（把大家的观点罗列出来，然后找共同点）。	

第四章 自我成长团体心理素质

在心理健康教育中，必须强调积极的态度，要引导和帮助学生实现心灵成长的任务，因为我们每一个人所面对的并不是狭义的困难，而是无限丰富的人性。在心理素质拓展训练中要重视"成长"，引导心灵持续得到成长意味着要树立恒定的成长方向和成长目标，使每一个人感到他们的生活是有目的、有意义的，从而不断激发他们的信心，最终使困扰消失在心灵成长的过程中。

第一次聚会：觉察自我

【目　标】

1. 引导成员参与团体及让成员互相认识。
2. 协助成员了解团体性质、进行方式并澄清成员对团体的期待。
3. 建立团体守则与规范。

游戏名称	活动流程	道具/备注
一、找朋友	组织者致简单欢迎辞之后，成员做自我介绍，降低成员间彼此不太熟悉的不安感。 对剪好的彩色纸由团体成员自由抽取。然后，成员必须找到与自己颜色、形状相匹配的另一半。找到后，将色纸贴在硬纸板上，并在彩色纸上写上两个人的名字成为最佳搭配，两人一组各作自我介绍。	

续表

游戏名称	活动流程	道具/备注
一、找朋友	介绍的内容包括：姓名、所属省份、性格特点、个人兴趣爱好、家庭情况以及个人愿意让对方了解的有关自我。然后漫谈几分钟，当对方做自我介绍时，倾听者要全身心地投入，通过语言与非语言的观察，尽可能多地了解对方。	
二、滚雪球	刚才做自我介绍的两个组合并成一个4人组合，每位成员将自己刚才认识的朋友向另外两个新朋友介绍，每人2～3分钟。然后4人一起自由交谈几分钟。 　　两个4人小组合并，8人围圈而坐。从其中一人开始每人用一句话介绍自己。一句话中必须包含3个内容：姓名、所属、自己与众不同的特征。规则是：当第1个人说完后，第2个人必须从第1个人开始讲起，第3个人一直到第8个人都必须从第1个人开始讲起，这样做使全组注意力集中，相互有协助他人表达完整正确的倾向，而且在多次重复中，不知不觉地记住了他人的信息。 　　A：我是××，性格××的××. 　　B：我是△△，性格××的××旁边的△△，喜欢△△的△△。 　　C：我是○○，性格××的××旁边的△△，喜欢△△的△△旁边的○○，喜欢○○的○○。小组成员体验交流，分享感受。	
三、拥有和失去	协助反省和澄清个人价值观，懂得珍惜自己生活中最有价值的东西。 　　操作程序： 　　（1）请大家写出个人生命中最珍贵的五项事物。这些事物可以是人物，也可以是事件，也可以是未来，可以很具体，也可以很抽象。书写时不必排列次序。 　　（2）由于现在面临一个特殊环境，个人不能再全部拥有这五项珍贵的事物，一定要放弃其中之一，待作出决定后，划掉放弃的那一项。 　　（3）请你再放弃一次，思考后作出选择。 　　（4）请你再划掉一项，只剩下两项。 　　（5）迫不得已，你还得作最后的选择，只能剩下最后一项。 　　交流与讨论：你为什么留下那一项？请你把自己放弃过程中的心理感受以及作出最后决定的想法作一小结和记录。	

第二次聚会：认识自我

【目　标】

1. 加强成员间彼此的了解。

2. 强化团体的凝聚力。

3. 让成员体会和感受个人与团员的关系，团体对个人的重要性，从而更愿意投入团体，增强团体的凝聚力，培养同学的团体凝聚力和信任感。

游戏名称	活动流程	备注
一、二十个我是谁？	（1）二十分钟内，在本子上以"我是……"开头，尽可能多地进行罗列： 我是…… 我是…… 我是…… 我是…… 我是…… 我是…… …… （2）把上述有关自己的陈述做个大致的分类，看有多少是属于社会角色的；有多少是属于对自己的躯体认识的；有多少是关于自己的内在性格特点的等。仔细看一看自己的分类，看可以从中得到什么启发。 （3）和同桌交流，看他对自己的陈述有什么看法，并想一想他的看法对自己有什么启发。 （4）请将上题以分类的方式再做一遍，看自己有没有新的发现。 例如： 类一：有关体貌和躯体健康状况的（例："我是身高××米……"）； 类二：有关心理及其健康状况的（例："我是性格……"）。 （5）仔细比较两次练习之间的区别，看自己有没有新的发现。这些新发现对自己有什么启发？与同桌讨论两次练习间的差异，并把对自己的认识与发现以小结的方式记录在本子上。	

续表

游戏名称	活动流程	备注
二、猜猜他是谁	（1）让成员思考自己的性格特征，并对自己的性格特征进行描述。每人拿出一张白纸，在纸的正面写下自己认为好的性格特征，在背面写下自己认为不好的性格特征，越详细越好，或者说你该怎样描述你自己，才会让别人知道那个人是你。记住自己写的内容，写好后交给组织者。 （2）组织者随便抽出几份，然后读出每一张纸上的内容，让成员们猜猜看，纸上说的究竟是谁。如果你"有幸"被猜中了，恭喜你，你对自己的性格特征有比较清晰的了解。	
三、自画像	目的：通过投射，强化成员自我认识。 操作：指导者给每位成员发1张图画纸，每小组发1盒彩笔。然后请成员画出自己。可以有标题，可以用任何形式来画出自己，抽象的、形象的、写实的、动物的、植物的……把自己心目中的最能代表自己的东西画出来。画完后挂在墙上，开"画展"，让团体成员自由观看他人的画，不加评论。欣赏完毕，请每位画家作解释并答疑。	

第三次聚会：悦纳自我

【目　标】

在互动中学习人际交往的基本知识和经验，培养积极的交往意识和心态，从中产生新体验，形成新认识，获得新技能，并将学习到的新知识、新经验应用到自己即将开始的新生活中去，在日常交往实践中不断提高自己的交往能力。

游戏名称	活动流程	备注
一、优点大曝光	小组成员轮流坐到中央，其他成员从他身上找特别的地方，然后用发自内心的语言赞美对方。团体分享：当别人赞美你时，你的感觉如何？你赞美别人时，通常赞美哪些地方？你能给所有的人不同的赞美吗？你在赞美别人时，感到自然吗？为什么会这样？是否有一些优点是自己以前没有意识到的？是否加强了对自身优点、长处的认识？	
二、美好新发现	分家庭（8人）围成圈坐好，对每个成员写下的不好的性格特征进行积极赋义，如：多疑——自我保护意识强；竞争意识不强——不争强好胜；鲁莽冲动——勇敢积极；畏首畏尾——小心谨慎。每组一人作记录，将小组所作的所有积极赋义的例子进行团体分享，并讨论某些性格特征在什么情况下具有积极作用，在什么情况下具有消极作用，如何避免消极作用。	
三、自我寻宝	（1）方式：我开始喜欢自己，因为……。 （2）寻宝要求： ①必须实事求是； ②可以是自己的优点或特长，也可以是自己的进步； ③每个人至少找到自己的5个"珍宝"。	
四、自我接纳宣言	（1）停止与自己对立 停止与自己对立是指停止对自己的不满和批判，停止对自己的挑剔和责备，不论自己做了多少不合适的事，不论自己有多少自认为的不足，从现在起，都停止与自己对立，要学习站在自己这一边，站在自己人性的尊严这一边，学习维护自己生命的尊严和价值。我们要对自己说："不论我的现状如何，我选择尊重自己的生命和独特性。" （2）停止苛求自己 具体说就是：允许自己犯错误，但在犯错后要 ①做出补偿，以弥补自己的错误造成的损失； ②补过，就是一个错误不犯两遍。 用以自我维护的参考句式是： "不论我做错了什么，我选择从中吸取教训。" "我选择补过，而不是不断地责备自己。"	

续表

游戏名称	活动流程	备注
四、自我接纳宣言	（3）学习无条件地接纳自己 可用以自我接纳的参考句式是： "不论我有什么优点和弱点，我首先选择无条件地接纳自己。" （4）接纳，但不止于接纳 能否接纳自己是一个人能否具备自信和追求成长的前提，但是，如果一个人止于接纳，那么他很难有发展和成长。 我给大家的建议是： ①以建设性的态度与方法对待自己的弱点； ②以建设性的态度与方法对待自己的错误； ③尽可能扬长避短、发挥优势，不到万不得已不必取长补短。	

第四次聚会：发展自我

【目 标】

1. 了解自己所追求的生活形态。

2. 发展适应社会的能力。

游戏名称	活动流程	备注
一、假如生命只有三个月	假如你只有三个月的生命……（1.5小时） （1）请回答："假如你只有三个月的生命了，你现在最想做的事有哪些？"请依次罗列出来。 （2）与你的同桌分享你的发现和感受。 （3）记录你的感受和受到的启示。	

续表

游戏名称	活动流程	备注
二、自我发展盾形图	目的：对自己有一个更清晰的认识，从而了解自己在个人发展方面的真正需求。 游戏程序和规则： （1）发给每位学员一张"自我发展盾形图"表。 （2）让每位学员把答案以图画的形式画在相应的表格中。 （3）10分钟之后，当大家都画完了，安排大家进行讨论。 **相关讨论：** ①大家介绍自己的图片。 ②主持人分析盾形图。 以图画的形式在盾形图中作相应的回答： 第一部分：描绘你作为一名组织者的最大优势。 第二部分：描绘你打算从哪些方面着手提高你的领导水平。 第三部分：描绘是什么动力推动你迈向成功的。 第四部分：描绘你打算向哪一位著名的领导人学习。 第五部分：画一幅能够说明你的重要价值的图画。 第六部分：画一幅能够说明你如何对压力作出反应的图画。 第七部分：描绘你个人的十年发展前景。	
三、生命线	（1）画出自己的生命线 ①填空：在线上填上你当前的年龄及预期能活的年龄。 0岁＿＿＿＿＿＿＿＿＿＿＿＿＿＿＿＿100岁 当你经过仔细思考郑重写下你预期能活的年龄时，你是不是受到了触动？思考这次填空给你的启发，记录自己的发现和感受。 ②继续填空（思考过去的自己）： 以当前年龄为准，填上过去对你影响最大的三件事： （　　　　　　　　　　　　　　　） ③继续填空（设计未来的自己）： 以当前年龄为准，填上未来你计划要做的几件事： （　　　　　　　　　　　　　　　） 列出可能对你影响最大的三件大事： （　　　　　　　　　　　　　　　） （2）与小组成员分享彼此的生命线并交流感想和发现； （3）记录你们的感受和发现。	

续表

游戏名称	活动流程	备注
四、神秘爱心使者	（1）请所有组员闭上眼睛围成一个圆圈，每个人伸出一个手掌。组长站在中间，碰其中三个人的手，被碰到的人就是爱心使者，除了被碰的人，其余的人都不知道谁是爱心使者。 （2）组长宣布："有几位爱心使者来到我们当中，凡第3个与任何一位爱心使者握手的，就可得一份礼物。" （3）大家踊跃找人握手，都希望自己是与爱心使者握手的第3个人。 （4）过一会儿，其中一位爱心使者宣布找到第3个与他握手的人了，他说出幸运儿的名字，大家鼓掌祝贺。这位爱心使者就把礼物送给他。	◆礼物：一个笔记本

第五次聚会：拓展自我

【目　标】

1. 挑战自我，拓展潜能。

2. 完善自我。

游戏名称	活动流程	备注
一、建立团体中的信任	操作程序： （1）组织者让每组成员围成一个向心圆，而组织者自己站在中央来示范。 （2）组织者双手绕在胸前，作出以下沟通对话。 组织者："我叫……（自己的名字），我准备好了，你们准备好了没有？" 全体学员回答："准备好了！" 组织者："我倒了？" 全体学员回答："倒吧！" （3）这时组织者整个身体完全倒在团体成员的手中，这时团体成员把组织者顺时针推动两圈。 （4）在组织者做完示范之后，小组的每位成员都要来试一试。	

续表

游戏名称	活动流程	备注
二、30天改善计划	目的：建立新的良好的习惯，控制和消除旧的消极性习惯。 操作：在下列五个方面填入你一个月内必须做到的事情，尽可能要具体，写好以后与小组成员讨论。 （1）从现在起要改掉这些习惯：＿＿＿＿＿＿＿＿＿＿。 （2）从现在起要养成这些习惯：＿＿＿＿＿＿＿＿＿＿。 （3）用这些方法来增加自己学习工作效率：＿＿＿＿＿＿。 （4）用这些方法来增进同学之间的和谐：＿＿＿＿＿＿＿。 （5）用一些途径来修养自己的个性：＿＿＿＿＿＿＿＿＿。	
三、心灵的祝福	目的：表述感受，互相启发，获得支持与信心。 操作： （1）预先制作小卡片，写上自己的祝福、人生感悟或座右铭，还可配画。 （2）让小组成员静静传阅，然后与大家分享感受，从中领悟。	

* 第五篇 *

活动篇：素质拓展中常见的游戏

心理游戏

破冰游戏

拓展游戏

团体游戏

　　小游戏大道理，游戏蕴涵着深刻的道理。本书所选编的一些游戏虽然看上去都非常简单，但是绝大多数游戏都经过几十年心理学、管理学、团体科学等方面的论证，能够对个人心理素质起到有效提升作用，其科学性不言自明。

第一章　破冰游戏

> 破冰之意，是打破人际交往间怀疑、猜忌、疏远的樊篱，就像打破严冬厚厚的冰层。破冰游戏帮助人们变得乐于交往和相互学习。以下是此游戏的几个玩法。低风险的破冰游戏例子包括：让同学们自我介绍；两人组成一对，要求每一拍档介绍同组另一拍档的名字、学习情况等；让同学们介绍各自不同的生活经历等。

轻柔体操

目　　的：放松，减轻焦虑、活跃气氛。体操与运动是心理生理治疗的一部分。体操可以协助成员对自己身体更加敏感，对自己的存在更有实质的把握。

时　　间：酌情而定。15～30分钟

操作程序：

全体成员围成圆圈，面对圆心，指导者也在队伍里。指导者先带头做一个动作，要求成员不评价、不思考，并模仿做三遍。然后每个人依次做一个自己想出来的动作，大家一起模仿。无论什么动作都可以达到放松、减轻紧张气氛的目的。有时，一些极富创造性的动作会引出大家愉快的笑声。

分享及讨论：略

两人自我介绍

目　的：初步相识。
时　间：8分钟

操作程序：

让团体成员在房间里自由漫步，见到其他成员，微笑着握握手。当指导者说"停"时，面对着的或正在握手的成员就成为朋友，两个人在一起各自做自我介绍，如姓名、身份、性格特点、个人兴趣爱好，以及个人愿意让对方了解的自我信息等。介绍的内容除了自己的姓名外，至少要有一个关于个人特点和个人兴趣的信息。

二人之间可能向对方介绍了较多的信息，但要相互帮助共同总结出一个包含三要素的最简要、最好记的个人信息。三要素是指自己的姓名、单位和特征，如"我是来自心理咨询中心性格偏内向的舒曼"，每个人都要把自己的三要素信息总结成这样一句简单、好记的话，谁总结得好，谁就容易被别人很快记住。让别人很快记住你的秘诀是你的特征简单好记。新结识的朋友之间要完成这项总结、概括的工作，这是两人之间的第一个成果，也是下一个游戏需要应用的内容。

分享及讨论：

1. 当对方在自我介绍时，你的感受如何？

2. 当对方在介绍自己时，全身心投入地听，通过语言和非语言的观察，了解到对方什么？

四人一组他者介绍

目　的：扩大交往圈子，拓展相识面。
时　间：10分钟

操作程序：

刚才自我介绍的两小组合并，形成4人组，每位成员将自己新认识的朋友向另外两位新朋友介绍，介绍的内容除姓名外，至少要有一个关于自己朋友个人特征的信息。介绍朋友之前，先介绍自己。无论在介绍自己还是介绍他人时，都要强调在两个小组交友时总结出来的包含三要素的个人信息，如"我是来自心理咨询中心性格偏内向的舒曼"。

分享及讨论：

认识新朋友的感受如何？

8人一组滚雪球

目　　的：进一步扩大交往的范围，引发个人参与团体的兴趣。

时　　间：10分钟

操作程序：

两个4人组合并成为一个8人组，围圈而坐。从其中一个人开始，每人用一句话介绍自己，介绍自己的这句话必须包括三个内容：姓名、所属单位、自己与众不同的特征。当第一个人说完后，第2个人必须从第一个人开始讲起，直到最后一个人都必须从第一个人开始讲起。在介绍的过程中，全组每一个人都要注意力集中，并且小组成员有相互协助他人表达完整的义务。在这种多次重复的过程中，每个成员都要努力记住其他成员的个人信息。

比如，第一个人说"我是来自河北爱踢足球的刘刚"，第二个人就要说"我是来自河北爱踢足球的刘刚旁边的来自辽宁不吃牛肉的陈慧"……当最后一个人介绍完之后，全组成员为他鼓掌。介绍的次序可以用一种游戏的方式来决定。

分享及讨论：

8人小组派代表介绍小组其他成员，并谈谈对游戏的感想。在介绍小组成员时，要先介绍自己的信息。

采访中的"问与答"

目　　的：通过问答的形式，促使成员关注他人，也体会到被关注的感觉，并达到相识和了解。

时　　间：20分钟

操作程序：

大家选出组长，组长主持游戏。

让所有的成员按出生的月和日顺时针或逆时针排序，从1月1日开始。比如从A开始，A先介绍自己的个人信息，然后每个人向A提一个关于A个人信息的问题，在提问之前，要先介绍自己。对别人提的问题，A可以选择不回答。后面的人提的问题不要与前面的问题重复。向A提问结束后，大家可以围绕A自由交谈几分钟。

第一圈时每人只有提一个问题的权利，如果还有想问的问题可在自由交谈时提出。提问完毕，被提问者要感谢大家对他的关心。每个人都轮流被提问，直到最后一个人被提问完毕。组长要掌握时间，并把握游戏的规则和方向。

分享及讨论：

成员在组内谈谈当大家都向自己提问题，大家的目光都投到自己身上时，自己被关心、被关注的感觉。

棒打薄情郎

目　　的：尽快相识，增进团体凝聚力，在轻松的气氛中相识；检查游戏效果，看看大家是否都记住了别人的姓名、单位和特征。

时　　间：20分钟

操作程序：

用报纸卷成一根纸棒。初次聚会，全体成员围圈而坐，轮流介绍自己的姓名、兴趣、出生年月等个人资料。每个人都专心去记住其他成员的资料。然后站成一圈，选一个执棒者站在圈中间，由他面对的人开始大声叫出一个成员的姓名，被叫者答到，执棒者马上跑到那个被叫的人面前。被叫的人马上再叫出另外的一位成员的姓名。如果他叫不出来，就会受当头一棒，然后由他执棒。依此类推，直到大家熟悉彼此的姓名为止。如果一个人3次被打，他就必须表演一个节目，作为惩罚。在游戏结束前，被罚的人唱歌，也可以大家一起帮助被罚的人唱歌。团体成员在轻松的气氛中结束相识的游戏。

分享及讨论：

1. 你有哪些技巧能够快速地记住他人的姓名？
2. 被人叫自己的姓名，你的感受如何？

开心寻人游戏

目　　的：寻找名单上所描述的同伴，从而认识对方；增进学员之间的相互了解，活跃课堂气氛。

时　　间：15分钟

操作程序：

把寻人游戏工作表发给每一位学员。

让每位学员以最快的速度找到与表格中相匹配的人在表格中签名，并且要脸带微笑，真诚地说一声"您好"，每人只能签一个格子。当你找到这个人时，请他们将名字写在相应的表格里。

沟通卡片

姓名：

会弹钢琴	性格开朗
会打网球	四月份过生日
喜欢纺织	养过小鸟
喜欢喝饮料	喜欢游泳
喜欢唱歌	爱看电视剧
个性内向	喜欢大海
喜欢阅读	喜欢踢足球
喜欢独处	学习成绩很好
喜欢旅游	有两个兄弟
英语不错	喜欢大山

最先获取全部签名者即为本场的万人迷，组织者应准备一些小礼品作为奖赏。

分享及讨论：

1. 通过这一游戏，你是否对其他学员有了进一步的了解？
2. 这些方式对于增进彼此之间的友谊及改善人际关系是否有作用？

心理游戏 XinLi YouXi 游戏精选

相互认识一下（一）

目　的：使与会人员相互认识一下，营造一种轻松友好的气氛。

时　间：20分钟

操作程序：

给每人发一个空白姓名标签（空白的可粘贴式姓名标签）。请他们把自己的姓名或者绰号写在上面。然后请他们简短地列举出两个与自己的情况有关的、可以当话题的单词或短语，比如来自哪个地区、爱好、子女情况等，见下例：陈刚居住在海南，喜欢慢跑。给与会人员足够的时间（约5分钟）来写下自己的两项情况，然后请他们随意组合成两人或最多不超过三人的小组。每过几分钟，就请他们"交换伙伴"，以此来鼓励每个人都去结识尽可能多的新伙伴。

分享及讨论：

1. 这一练习是否有助于你结识其他人？
2. 什么情况会给你留下深刻的印象？
3. 现在你认为你在这一群体中的参与程度如何？

如果你的时间更为充裕，可以请与会人员列出与自己的情况有关的、可以当话题的单词或短语。

小窍门：要想加快这一活动的节奏，可以在与会人员签到时就发给他们空白姓名标签，请他们当场在姓名标签上写下自己的姓名或绰号以及描述自己情况的单词或短语。

心理游戏 XinLi YouXi 游戏精选

相互认识一下（二）

目　的：通过这个精心设计的练习，帮助与会人员相互认识一下。

时　间：20分钟

操作程序：

准备空白姓名标签若干。在整个团体第一次集会时，给每人发一个空白姓名标签。请每个人都填写下列各项内容：

1. 我的名字是……

2. 我有一个关于……的问题。

3. 我可以回答一个关于……的问题。

给与会人员几分钟的时间来对这些陈述作出思考，然后鼓励整个团体的人员聚在一起，使每个人与尽可能多的人打交道。

分享及讨论：

如何才能更好地改进与他人的沟通？

扑克组合

目　　的：提高学员的参与程度，营造一种相互认识的环境，建立一种轻松愉快的气氛。

时　　间：20分钟

操作程序：

组织者发给每位学员一张牌，然后让他们自由组合成五人的小组，且小组的牌必须是玩扑克游戏中最好的一手牌。

如：QAQKQ；Q2QQ2；45422；45678；44422；4◆5◆6◆7◆8◆

组织者开始比较，选出牌面最好的一组作为优胜队，发给他们一些小礼品，如帽子等。

分享及讨论：

在这个活动中，要获得优胜队，最重要的因素是什么？

心理游戏 游戏精选

四分之一感觉

目　　的：使学员在刚刚开始的时候就能够主动同别人接触交流，相互熟悉增进了解。

时　　间：20分钟

操作程序：

先准备一些卡片。

1. 大家在进入会场时，会领到一张卡片，但只是四分之一张卡片，进入会场后，需要去寻找其他三位会员手中的卡片，将其拼合成一幅完整的图片。

2. 大家要积极地寻找陌生人，通过询问、展示、合作，最终达成"联盟"。只有找到其他三位朋友，才可以找一个位置坐下来。

3. 把拼合成的图片放置到桌面前方，并迅速熟悉本小组成员。

分享及讨论：略

心理游戏 游戏精选

面对面介绍

目　　的：相互认识。

时　　间：20分钟

操作程序：

将所有人排成两个同心圆，随着歌声响起，同心圆开始转动，歌声一停，同心圆的转动停止，面对面的两人要相互自我介绍。

注意事项：

（1）排成相对的两个同心圆，边唱边转，内外圈的旋转方向相反。

（2）歌声告一段落时，同心圆停止转动，面对面的两人彼此握手寒暄并相互自我介绍。歌声再起时，游戏继续进行。

分享及讨论：略

猜猜他是谁？

目　　的：让学员分享大家的知识和信息。
时　　间：10～20分钟

操作程序：

准备一叠空白卡片。

1. 事先准备4～5个与此次培训主题相关的问题。如果主题是在线学习，组织者可以准备以下五个问题：

（1）你来这儿培训最主要的理由是什么？

（2）对这次培训你最大的担心是什么？

（3）你目前对互联网了解多少？

（4）你用什么型号的电脑？

（5）你认为网页是什么？

2. 每人取出一张卡片，写上数字"1"，然后在卡片上写下自己对第一个问题的回答。重复以上步骤，直至答完所有问题。但每张卡片只能有一个问题的答案。将卡片写有答案的一面（正面）朝下，放在桌子中间。

3. 让一位学员将所有卡片打乱，然后分发给每个人，还是正面朝下，一次发一张。

4. 宣布游戏时间为10分钟，开始计时。

5. 由第一位学员抽取一张卡片，大声念出卡片上的内容。如有需要，可再念一遍。但不能将卡片给任何人看，以防从笔迹中辨认出作者。

6. 除了朗读者，所有学员猜一猜谁是作者，并把自己猜测的名字写下来。（卡片真正的作者也可以写下他／她自己的名字，当然前提是他／

她不是朗读者)

7. 完成后，大家公布自己的答案。此时，指导者可以揭晓答案。凡是猜对者均可得一分，然后将卡片正面朝上放在桌子中间。

8. 下一位学员再选择一张卡片，进行同样的过程。

9. 如果只剩下最后一个针对某一问题的答案，朗读者只需将答案读一遍，然后将卡片放在桌子中间即可（此次没有必要再猜作者，因为可通过排除法猜出）。

10. 10分钟后立即结束游戏，宣布猜对最多者获胜。

11. 最后，让学员继续朗读剩余卡片上的答案，同时揭晓答案。

分享及讨论：

培训课程开始时，组织者需要知道学员们对即将展开的话题究竟了解多少。当然，你可以安排所有学员轮流发言，但这样是否略显枯燥、乏味？有没有想过换一种方式，让交流和分享在轻松、活泼的游戏中完成？试一试，一定会有令人惊喜的效果。指导者引导团体成员发表自己猜中别人或被他人猜中时的感受。

我们是一家人

目　的： 快速构建团体。

时　间： 30分钟

操作程序：

1. 将全部人员分为几组，分别为A1、A2、B1、B2、C1、C2。每组3~4位成员。

2. 先在组内进行学员间的自我介绍，如姓名、工作单位、职位和爱好等。然后推举一位小组成员代表小组进行介绍，要求将组内每一位学员的情况介绍完整，还可加上自己的评价。（大家可以提问）

3. 当 A1 小组介绍完，B1、C1 小组的代表要对 A1 小组的发言做一句话的评价（只可以是正面的：如 A1 小组成员都很年轻，非常有朝气；或者 A1 小组成员看来经验很丰富；或者 A1 小组成员都是女孩子，都很漂亮）。当 A2 小组介绍完，B2、C2 小组的代表要对 A2 小组的发言做一句话的评价。以此类推，直到所有小组介绍完毕。

4. 每组介绍的代表和发表评价的代表不能是同一个人。

5. 每组时间不超过 2 分钟。

分享及讨论：

1. 你是否容易记住别人？你采用了什么方法？
2. 自我介绍和介绍别人，哪一种方法更容易令你印象深刻？
3. 你是否善于赞扬别人？
4. 你是否善于寻找其他成员的共性？

生肖分组

目　　的：利用大家熟悉的生肖来将大家分成不同的组别，加强人与人之间的沟通，加强学员利用其肢体语言的能力。

时　　间：15 分钟

操作程序：

1. 所有的学员报出自己的生肖，但只能通过动作或者叫声，任何人类的语言都不能使用，同时要求所有生肖相同的人站到一块。

2. 每个人说出自己的生肖，看看谁犯错了。

3. 组与组之间按照成语合并，如鸡飞狗跳、龙马精神、龙腾虎跃等，与其他组合并最多的组获得最高分。

分享及讨论：

1. 以生肖分组的意义何在？是否会让人感觉亲近？

2. 如何将自己的意思通过肢体语言传达给大家？在传达的过程中，你学到了什么？肢体语言可以传达出非常丰富的意思，对方也似乎因此而更加善解人意了。

3. 马斯洛需求层次理论将人的需求分为五个层次：生理，安全，社交，尊重，自我实现。这五个层次依次升高，前面的层次为后面的基础。其中的社交是指人生活在社会中对情感和归属的需求，人人都希望得到相互的关心和照顾。把人按生肖分组的意义就在于此。

4. 用肢体语言进行沟通有很大的困难，彼此之间需要更多的耐心和交流，从而加强人与人之间的沟通。

自我介绍

目　　的：活跃气氛，打破僵局，加速学员之间的了解。

时　　间：30分钟

操作程序：

大家围成圆圈坐下，首先由指导老师示范如何自我介绍，包括的内容有：姓、名、姓名的记忆特点（别称）、年龄、爱好、特点（爱好琴棋书画、喜欢聊天、学科天才、唱歌、跳舞、幽默、会说笑话、交际广、常有新点子等）、专长、自我评价……然后每一位成员按自己的方式进行自我介绍。

分享及讨论：

指导老师记录好每一位成员的表现，成员评价每个人的表现。

绕着地球跑

目　　的：打破陌生，促进团体间成员的认识。

时　　间：30分钟

操作程序：

按照性别面对面围成两个圆圈，并跟旁边的人手拉手沿圆圈转动。男生站里圈，按顺时针转；女生站外圈，按逆时针转。请大家同唱《相逢是首歌》。指导老师可在任意时刻喊停，停止转动的时候要跟对面的人说："嗨，你好，我是来自（ ）年级（ ）班的（姓名）"，同时要握对方的手或是作出打招呼的手势。将内外圈的男女生打散，再进行如前面叙述的步骤。

分享及讨论： 略

彼此深入了解，建立互动关系

目　　的： 打破陌生，促进团体间成员的认识。

时　　间： 30分钟

操作程序：

所有学员围成一个圆圈，指导者说向上看、向下看、锁定时，学员先看上后看下，然后用目光锁定对面的一位同学，当两人的目光相对时，若能同时喊出双方的名字，则拍手、出场深入交谈（对上的两人为最佳拍档，没对上的继续）。双方交谈的内容包括：在班内的职务、性格特点、个人兴趣爱好、家庭情况以及个人愿意让对方了解的其他方面，然后漫谈几分钟。当对方自我介绍时，倾听者要全身心地投入，通过语言与非语言的观察，尽可能多地了解对方。两人组互相了解后，与相邻组形成四人组，然后互相交流。然后组成八人组、十六人组……

分享及讨论： 略

共同制订契约

目　的：建立团队信任，增强凝聚力。

时　间：30分钟

操作程序：

1. 给团体起一个名字，并制订自己的口号。

2. 小组讨论，制订共同的契约，指导者引导补充契约。小组签下契约。一般包括以下几点：

（1）保证准时参加所有的小组活动，因为缺席会对整个小组的活动产生影响。

（2）对小组成员在活动中的言行绝对保密，活动外不做任何有损小组成员利益的事。

（3）小组活动时，对其他成员持信任态度，愿意表露自己，与大家分享自己的情感和认识。

（4）对于他人的表露，愿意提供反馈信息。

（5）小组活动时不对他人进行人身攻击。

（6）认真完成课后作业，并且小组活动时，不做任何与活动无关的事。

（7）可以自愿选择随时退出小组，但是离开前请向小组成员做出解释。

分享及讨论：略

小　厨　师

目　的：加深沟通，消除距离，带动活动气氛，增进团体的凝聚力和相互信任关系。

时　间：30分钟

操作程序：

大家围坐成一圈，指导者站在圈外说明规则："现在我是一个小厨师，待会我会绕着大家走，并挑选我这道菜所需要的食材和作料，当我说到某样东西并拍到你的肩膀时，麻烦这位同学起立，大声说：[☆ ☆（作料）是〇〇（姓名），〇〇是 ☆ ☆]，并跟在我的后面走，我做什么动作，跟在后面的人也请跟着做。当我准备好要烹调的东西时，我会喊：'下锅'，此时请大家以最快速度找到空缺坐下，没抢到位置的就当下一任小厨师。"

游戏开始后，小厨师开始绕着圆圈走，边走边说："现在我要烹调红烧狮子头，首先我要猪肉。"同时轻拍一同学的肩膀，该同学就要起立，大声说："猪肉是小明（自己姓名），小明是猪肉"，然后跟在小厨师后面，小厨师做什么动作（例如搔首弄姿、故作娇媚或弯腰走路等），跟在后面的人也要跟着做，小厨师说："我还要红萝卜"（拍肩），被拍肩的伙伴说："红萝卜是小陈，小陈是红萝卜"，"我还要酱油""酱油是小张，小张是酱油"，"我要小白菜"，"小白菜是小文，小文是小白菜"……

后面的"食材"和"作料"一律跟在小厨师后面绕着圆圈走并模仿动作，当小厨师认为好了，就大喊一声："下锅！"所有起立的"食材""作料"和小厨师就赶快去抢位置，最后一定有一位没抢到位置，他就继任下位小厨师并重复上述操作。

分享及讨论：

小厨师可以发挥想象力，想些有趣的作料及做些好玩的动作，游戏最后通常是把所有人都点起来让其绕着圆圈跑，最后下锅时大家就会一起往中央挤着坐，很有意思。为避免成员太贪玩，一开始就把所有同学点来下锅，限制一下作料数目，再逐渐放宽是必要的。

心理游戏 游戏精选

流浪的动物

目　的：要求偏离一贯的社会行为,打破人际关系中的坚冰,增加趣味性,从而能和同学快乐地游戏。

时　间：30分钟

操作程序：

围圈坐下,每人选择自己要扮演的动物,你姓氏的汉语拼音的第一个字母决定你要学的动物是什么。

动物名称：

A—F 狮子

G—L 小狗

M—R 猩猩

S—Z 热带鸟

选好后,走到任何一人面前,蹲下,学动物的叫声,坐着的那一位就要用手掌抚摸他的头,同时说:"可怜的☆☆(动物的名称)"(不能笑,否则就算输,替换该同学),若抚摸"小动物"的人不笑,再叫第二次;如果仍不笑,再叫第三次,还不笑,再找其他人。

学动物叫时,不妨装怪样、做动作或拉长声音,以逗笑对方,其他人在旁边不妨也帮忙逗抚摸"小动物"的人笑。

分享及讨论：

小组成员交流体验,分享感受。

快 乐 颂

心理游戏 XinLi YouXi 游戏精选

目　　的：通过初步的肢体接触，打破人际关系的距离；让学员可以在短时间内增进熟识度。

时　　间：20分钟

人数：16~50人，人数不宜过少。

操作程序：

准备2~5颗软性安全球（如毛线球），球体比足球略小，以一手可掌握为佳。

1. 一开始可由指导老师或一位学员自愿担任魔法师，并发给他一颗球让其施法。

2. 魔法师施法时，所有伙伴开始行进从而躲避，活动中只要被魔法师拿着球碰触到的人就会变成石头。

3. 为避免被魔法攻击，必须找到另一位伙伴，手勾着手在原地合唱一首歌，就可以形成保护罩，但如果歌曲重复就无效，一样会变成石头。

4. 行进期间除躲避攻击外，不可和其他人手勾手。

5. 行进过程中，不可以跑步，只可以快步走，避免学员碰撞、跌倒。

6. 活动进行几分钟后，魔法师可改变方式，把被碰触的学员一起变成魔法师，并给予其一颗球执行任务。

分享及讨论：

短暂的暖身活动，通常不做分享，时间也不宜过长，主要让学员情绪可以high起来，并投入活动中即可。

超级三人组

目　的：了解团体成员的异同点，思考如何充分发挥成员的才能。
时　间：30~40分钟

人数：12~18人，最好是3的整数（也可安排4人一组）。

操作程序：

给每人准备一张纸和一枚别针。

1. 让所有学员造句，句型：我是一位……。要求：完成十句完全不同的造句。将答案写在纸上，并用别针将纸固定于自己的衣服上。

2.（1）学员自由组合，三人一组。要求：小组成员所造句子的相同点尽可能多。时间：3分钟。总结：其实人们之间的共同点要比我们看到的多。

（2）学员自由组合，三人一组。要求：小组成员所造句子的不同处尽可能多。时间：3分钟。总结：即使在差异最大的小组中还是存在某些共同点。如果有小组成员所造句子没有一句是相同的（虽然此种可能性很小），可邀请所有人集体讨论，一起总结出至少十点相似处。

（3）学员随意进行三人组合。要求：共同提出一个有创新精神的创业计划，开办一家公司。（最大限度地挖掘小组成员的不同能力，充分利用三个人的智慧）

（4）每个小组详细阐述他们的创业计划。最后大家投票选举出最佳创业计划。

分享及讨论：

一个团体中的成员来自四面八方，他们有着不同的文化背景、丰富各异的个性，而且各有所长。但是他们亦不乏共同和共通之处。一个真正富有竞争力的团体正是恰到好处地融合了成员的同与异。

善于融合不同的智慧可以使团体在激烈的竞争中始终处于领先地位。

分组游戏

目　　的：寻找归属感，了解自我。
时　　间：30分钟

操作程序：

第一步：学员围成一个圆圈。组织者说向上看、向下看、锁定，让学员先看上后看下，然后用目光锁定对面的一位学员，当两人的目光相对时，则拍手、出场交谈，交谈3分钟，没对上的继续。

第二步：学员分列两行，结对的伙伴面对面站立，各自后退5米，蒙上眼罩，发出声音，寻到对象（不可用学员名字、班级名称）。

组织者提以下问题：早上起床时，是从左边下床还是从右边下床？从左边下床的站左边，从右边下床的站右边，记不清的站中间。

早上穿鞋时，先穿左脚还是先穿右脚？先穿左脚的站左边，先穿右脚的站右边，记不清的站中间。

以此种办法将学员分成三大组。

如果依上述方法分成的三组人数相差过大，则继续分组，可按以下办法：请大家自由组合，寻找另外两位与自己相像的伙伴，组成三人一组。

然后提问：1.谁愿意第一个站起来？ 2.谁愿意第二个站起来？由此，将学员分成三批。

分享及讨论：略

大　风　吹

目　　的：活跃氛围。
时　　间：15分钟

操作程序：

1. 全体围坐成圈，划地固定每人的位置，主持人没有位置，立于中央。

2. 主持人开始说："大风吹！"大家问："吹什么？"主持人说："吹穿鞋子的人。"则凡是穿鞋子者，均要移动，另换位置，主持人抢到一位置，使得一人没有位置而成为新主持人，新主持人继续吹。

例如：可"吹"的资料：有耳朵的人、戴表的人、有两只鼻子的人、没有指甲的人、穿 X 颜色衣服的人、戴戒指的人、打领带的人、抹口红的人。

分享及讨论： 略

妙人妙事

心理游戏 XinLi YouXi 游戏精选

目　　的：活跃团队氛围，增强团队活力。
时　　间：20 分钟

操作程序：

先准备足够的空白卡片和三个纸箱。然后给每人发三张空白卡片，其中一张上面写自己的姓名，一张写时间地点（如：在黄昏时候的海边、没有月亮的晚上），一张写事件（如：吃饭、跳舞、做噩梦）。

2. 卡片分人、时间地点、事件。将卡片收集并置于三个纸箱中，然后请三个人分别抽出一张并大声朗读（如：杨人望，在喝醉酒的晚上，唱山歌）由于随意组合，可能出现许多妙人妙事。（被抽出姓名者，应起立）

分享及讨论： 略

认识朋友

心理游戏 XinLi YouXi 游戏精选

目　　的：拓展人际交往，认识新朋友。
时　　间：30 分钟

操作程序：

1. 全体围坐成圈，由某人开始沿顺时针方向起立，自我介绍说："各位朋友好，我叫张XX。"第二人起立说："张XX您好，我叫杨XX。"第三人起立则说："张XX、杨XX你们好，我叫刘XX。"以后的人照样说下去，强迫大家把每人的姓名记住。

分享及讨论：略

手掌九九

目　　的：集中精神，暖和身子。

时　　间：15分钟

操作程序：

1. 所有人围成一圈，盘腿坐下，左、右手掌平贴在自己的大腿上。

2. 由指导者先做示范拍一下，沿顺时针方向进行，一共有三种动作。

（1）拍一下：表示顺时针，依序拍下去。

（2）同一手连拍两下：表示逆转方向，沿逆时针方向反拍回去。

（3）握拳敲一下：表示跳过，跳过一个再拍。

3. 做错指令或动作的人，每错一次需缩回一只手，错两次的人，两只手都必须缩回。

4. 此活动可进阶为将手放在左右两边的人腿上，其余规则不变。

分享及讨论：

讨论想法与行动的落差、学员的参与度与集中度。

心理游戏 XinLi YouXi 游戏精选

起 队 名

目 的：这个游戏鼓励团体从培训之初就要团结起来，使各个小组拥有自己的名字，鼓励团体成员之间互相沟通，把小组成员团结在一起，引人发笑。

时 间：20~30分钟

人数：不限，人数较多时，需要将队员划分成若干个由8~12个人组成的小组。

操作程序：

1. 将人数较多的队员划分成若干个由8~12个人组成的小组。

2. 各组在10分钟内给自己的团体起一个队名，名字可以有实际意义，也可用符号代替。

3. 各组进行自我介绍，介绍队名以及为什么选用这个名字。

4. 游戏过程中要称呼他们的队名。

分享及讨论：

1. 各组都起了什么队名？

2. 每个小组起的队名能准确描述各自的特点吗？

3. 这个游戏能提高培训的效果吗？为什么？

心理游戏 XinLi YouXi 游戏精选

直呼其名

目 的：这个游戏主要用来帮助大家记住彼此的名字。

时 间：10~15分钟

操作程序：

准备三个网球，或是三个比较软的小球。队员们以小组为单位站成一圈。每人相距约一臂长。作为培训专员的你也不例外。告诉小组游戏将从你手里开始。你大喊出自己的名字，然后将手中的球传给自己左边的队友。接到传球的队友也要如法炮制，喊出自己的名字，然后把球传给自己左边的人。这样一直继续下去，直到球又重新回到你的手中。你重新拿到球后，告诉大家现在我们要改变游戏规则了。现在接到球的队员必须要喊出另一个队员的名字，然后把球扔给该队员。几分钟后，队员们就会记住大多数队友的名字，这时，再加一只球进来，让两个球同时被扔来扔去，游戏规则不变。在游戏接近尾声的时候，再把第三只球加进来，其主要目的是让游戏更加热闹有趣。游戏结束后，在解散小组之前，邀请一个志愿者，让他在小组内走一圈，报出每个人的名字。注意扔球的时候不可用力过猛。你最初的扔球应当是一个较慢的高球，为后续的扔球手法树立典范。

分享及讨论：略

大树与松鼠

心理游戏 XinLi YouXi 游戏精选

目　的：调节氛围，增强活力。

时　间：5~10分钟

操作程序：

1. 事先分组，三人一组。两人扮大树，面对对方，伸出双手搭成一个圆圈；一人扮松鼠，并站在大树围成的圆圈中间；组织者或其他没成对的学员担任临时人员。

2. 组织者喊"松鼠"，大树不动，松鼠离开原来的大树，重新选择其他的大树；组织者或临时人员就临时扮演松鼠并插到大树围成的圆圈中，落单的人应表演节目。

3. 组织者喊"大树"，松鼠不动，大树离开原先的同伴重新组合成一对大树，并圈住松鼠，组织者或临时人员就应临时扮演大树，落单的人应表演节目。

4. 组织者喊"地震"，大树和松鼠全部散开并重新组合，扮演大树的人也可扮演松鼠，扮演松鼠的人也可扮演大树，组织者或临时人员可插入队伍当中，落单的人应表演节目。

狗 仔 队

目　的： 互换角色，使小组成员能够迅速认识同伴并建立关系。

时　间： 20分钟

操作程序：

1. 将所有人进行分组，每组两人。

2. 组织者提问："小组里谁愿意做A？"

3. 剩下的人为B。

4. 组织者说："选A的人代表八卦杂志的记者，俗称'狗仔队'，选B的代表被采访的明星，A可以问B任何问题，B必须说真话，也可以不回答，限时三分钟，不可以用笔记录。

5. 三分钟后角色互换。

6. 此游戏还可以进行改编，即将原先的分组重新组合，每6人为一个组，原来的搭档必须仍在同一组，可由A扮演B的角色，以B的身份说出刚刚掌握的B的情况，并告诉其他队员。做完之后互换角色，达到小组成员能够迅速地认识同伴并建立关系的目的。

分享及讨论：

1. 该游戏可用于沟通游戏当中，主要说明与陌生人进行认识、交往的一些知识。我们将谈话的内容分为几个层次，最外层的谈话是对客观环境的交谈，比如谈天气、股市，因此比较容易交谈；第二层就是与谈话者自身相关的一些话题，比如交谈社会角色的话题（类似于你的家庭状况如何呀？你是哪里人呀等）；第三层就更深一层，会涉及个人隐私部分等比较敏感的话题，比如对性、金钱的态度，个人能力的判断等；最后一层则是个人内心的真实世界，比如道德观、价值观等。不同层次的话题适合不同的场合和谈话对象，层次越高，越能从双方的沟通和相互信任中体现出来。

第二章　心理游戏

> 心理游戏的价值表现在：①引发成员的信念、感受与想法；②协助成员集中注意力和团体讨论的聚焦；③引发成员的兴趣和活力。

信任考验

目　　的：增加成员间的相互信任。

时　　间：约50分钟

准　　备：纸、笔。

操作程序：

指导者让成员从下列事情中选择其中一个，写在纸上。

1. 最怕发生的事；

2. 最不敢想的事；

3. 最不容易忘记的事；

4. 从未告诉过别人的事。

等全体成员写完后，指导者请其中一位朗读自己所写的内容。如果上述某件事情他不愿意公开，问他是否可以告诉其他人，并请他表示可以告诉谁，并说明原因。接着请其他成员发表意见，说说各自的看法，认为这件事情可以告诉谁。看一看个人与其他成员的选择有无区别？为什么？团体成员依次发言。

分享及讨论：

1. 通过这个游戏，你对团体内成员间的信任有什么变化？

2. 团体内哪些行为阻扰团体成员彼此间的信任？

3. 为获得别人的信任，你有什么办法？

扮时钟

目　　的：用于时间管理，同时可以训练人的反应能力。

时　　间：30分钟

准　　备：白板或墙壁，笔，棍子或其他道具。

操作程序：

　　1. 在白板或墙壁上画一个大的时钟模型，将时钟的刻度依次标出来。

　　2. 找三个人分别扮演时钟的秒针、分针和时针，手上拿着三根长度不一的棍子或其他道具（代表时钟的指针），在时钟前面站成一纵列（注意是背向白板或墙壁，扮演者看不到时钟模型）。

　　3. 主持人任意说出一个时刻，比如现在是3小时45分15秒，要求三个扮演的人迅速地将代表指针的道具指向正确的位置，指示错误或指示慢的人受罚。

　　4. 可重复玩多次，亦可有一人同时扮演时钟的分针和时针，训练表演者的判断力和反应力。

分享及讨论：略

个性发现

目　　的：认识他人，坦诚反馈，了解自我。

时　　间：约50分钟

准　　备：每人1张"个性特征表"，白纸，笔。

操作程序：

指导者给每人发一张"个性特征表"，请大家详细阅读，然后研究一下团体内其他成员每个人的个性，把你的认识记下来，对每个人可选择一种或多种类型。每人都写完后，指导者按顺序找出一人，请其他人谈谈对他个性的分析。最后由他本人发表对别人评价的感受及自我分析。自己与他人的分析也许一致，也许差异较大。为什么会有这种差别？从中寻找自己过去没有发现的特点、潜力。深入探讨会有许多收获。

类型	长处	短处	适合职业
乐天型	热切、诚恳、乐观、抱有希望、富有感情、有优越感、努力	冲动、浮躁、不坚定、意志弱、易怒、易懊悔	讲解员、生意人、演员
暴躁型	意志坚决、坚强、敢冒险、独立、思维清晰、敏锐	急躁、激烈、不太会同情人、易谋私利、骄傲、自大	将军、老板、政治家
忧郁型	思想深远、透澈、能自制、信实、可靠、有天分、有才华、理想主义、完美主义、忠心	抑郁、沉闷、忧愁、痛苦、多猜疑、情绪化、好自省、过分求完美、易怒、悲观	艺术家、哲学家、教授
冷静型	平静、稳定、随遇而安、温和、自足、实事求是、善分析、有效率	冷淡、缺少感情、迟钝、懒惰、无动于衷、不易悔悟、自满	教师、科学家、作家

分享及讨论：略

组员心声

目　　的： 探索并交流团体成员对团体咨询的看法、期待，引导成员心往一处想，劲往一处使。

时　　间： 约30分钟

准　　备： 每人一张写有未完成句子的纸，一支笔。

操作程序：

团体游戏开始时，指导者给每人一张纸，请大家思考一下，认真填写，每个人自己独立完成，然后每个人在团体内向别人讲述。未完成句子的形式可以引导成员写出个人心声，指导者与他人可以从各自的表述中看到每个成员的参与程度、期望值、感受，从而互相启发，增进了解，相互接纳。此游戏可以在第一次聚会结束时使用。

1. 对我来说，参加团体是＿＿＿＿＿＿＿＿＿＿＿＿＿＿＿＿＿。

2. 当我进入一个新的团体时，我感到＿＿＿＿＿＿＿＿＿＿＿＿。

3. 我信任的人是＿＿＿＿＿＿＿＿＿＿＿＿＿＿＿＿＿＿＿＿。

4. 在团体中，我最担心＿＿＿＿＿＿＿＿＿＿＿＿＿＿＿＿＿。

5. 我期望在团体中＿＿＿＿＿＿＿＿＿＿＿＿＿＿＿＿＿＿＿。

分享及讨论： 略

20 个我是谁

目　　的： 认识并接纳自我，认识并接纳独特的他人。

时　　间： 约 50 分钟

准　　备： 1 张白纸，1 支笔。

操作程序：

指导者可以先找出一个成员示范，连续让他回答"我是谁？"当他说出一些众所周知的特征时（如"我是男人"），指导者告诉大家，这种回答不反映个人特征，应尽量选择一些能反映个人特征的语句。然后指导者让大家开始边思考边回答"我是谁？"这个问题，至少写出 20 条。当指导者看到最后 1 位成员放下笔时，请团体成员在小组内交流（5～6 人）。任何人都抱着理解他人的心理，去认识团体内的每一个独特的人。

分享及讨论：

每个小组选代表发言，交流游戏的感受。

生 命 线

目　　的： 对过去的我、现在的我、未来的我作出评估和展望。

时　　间： 约60分钟

准　　备： 1张纸，1支笔。

操作程序：

指导者先说明游戏内容，见下图，然后让团体成员自行填写，10分钟后大家一起分享交流。小组交流中，每个人都拿出自己的生命线给其他人看，边展示边说明，注意自己与他人内心的反应。

下面一条线代表你的生命线，起点是你出生的时候，终点是你预测的死亡年龄。请根据你自己的健康状况、你家族的健康状况以及你所在区域的平均寿命，提出你预测的死亡年龄。然后，在这条线上找到你现在的位置。请静静思考一下你过去的生活中最难忘的三件事，以及你今后的日子里最想达到的2~3个目标。

出生 ————————————————— 死亡

分享及讨论： 略

人生曲线

目　　的： 对自己的人生作出评估。理解千差万别的人生经历，增强对他人的理解。

时　　间： 50分钟

准　　备：每人1张纸、1支笔。

操作程序：

指导者先说明用人生曲线探索自己人生过程的意义，然后要求大家画一个坐标，横坐标表示年龄，纵坐标表示对生活的满意程度，如图。每位成员找出自己生活中的一些重要的转折点，连成线，边看线边反省，并用虚线表示未来人生的趋向。最后在小组内（5～6人）交流，每位成员以坦诚的心情向他人介绍自己的人生，通过相互交流可以了解到每个人不同的人生经历。交流结束时，每个小组派一位代表上台总结自己的游戏感受。

为了使曲线起伏明显，可以把过去最不幸、最失败的事情的满意度定义为0，把最幸运、最成功的事情的满意度定义为100%。

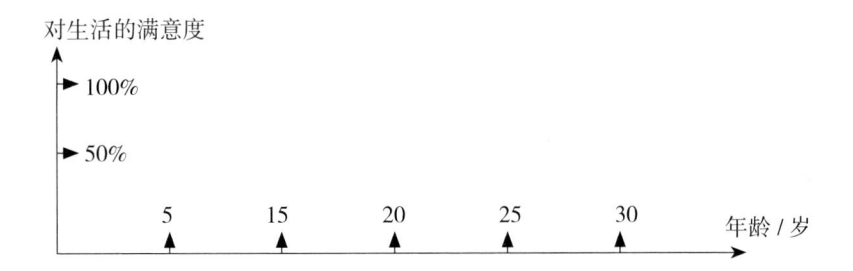

分享及讨论：略

自　画　像

目　　的：强化团体成员的自我认识，促进其自我觉悟。

时　　间：50～60分钟

准　　备：图画纸，彩色水笔或油画棒。

操作程序：

指导者给每位成员发1张图画纸，每人或几个人合用1盒彩色水笔或油画棒。然后请成员画出自己。自画像可以有标题，也可以无标题。若有标题，如：大学生活中的我、我的梦等。无标题则让成员随自己的意思，可以用任何形式来画出自己，抽象的、形象的、写实的都可以。总之，把自己心目中的最能代表自己的东西画出来。这种方法可以使成员发现隐藏在潜意识层面的自我，不知不觉之中对自己作出评估和内省。画完后挂在墙上开"画展"，让团体成员自由观看他人的画，不加评论。欣赏完毕，请每一位"画家"对他的画作出解释并答疑。

自画像用非语言的方法将画者的内心投射出来，是一种独特的自我探索、自我分析、自我展示的方法。通过团体内的交流，可以促进成员深化自我认识，加深对他人的认识和理解。

分享及讨论：略

五个简单的问题

目　　的：用实例说明某些行为是可以预料的，培养学员的观察力。

时　　间：15分钟

准　　备：根据人数每人配备1张纸、1支笔。

操作程序：

首先发给每位与会学员1张纸和1支笔。请他们在听到五个问题后迅速给出下列答案：红色、椅子、玫瑰、3、狮子。答案应为他们的第一反应。

1. 你最喜爱的颜色是什么？

2. 说出一件家具。

3. 说出一种花。

4. 在1～4之间选一个数字。

5. 说出动物园中的一种动物。

分享及讨论：

1. 每个问题有几人"答对"？（请"答对"者举手。选择这些答案的人数多得惊人。）

2. 在你看来，这说明了什么问题？（人类的某些行为、态度或反映是可以预料的。关键是要做一个敏锐的观察者。）

人际关系中的我

目　　的：促进成员全面认识自我。

时　　间：约60分钟

准　　备：每人1张表（表中有父母眼中的我，老师眼中的我等），1支笔

操作程序：

每人取1张表，自己思考后填写，填写后大家一起交流。填写的过程会反映出不同的心态。有些人再一次肯定积极而可爱的自我，而有些人却引发一些长期压抑的感受。

父亲眼中的我	兄弟姐妹眼中的我	朋友眼中的我	自己眼中的我
母亲眼中的我	同事同学眼中的我	爱人（恋人）眼中的我	自己理想中的我

分享及讨论：

1. 成员对表中哪一类（个）人的看法最重视？为什么？

2. 最难填写的是什么？

3. 为什么有人填不出来？

4. 成员填的内容多是正面的还是负面的？

5. 引导成员作出探索。这个游戏可以从多个角度来认识自己，有助于成员全面认识自我。同时，也可以在他人的鼓励下做更深入的自我探索。

心理游戏 游戏精选

人生透视

目　　的：自我认识，探索。

时　　间：约60分钟

准　　备：每人1张表，如图，1支笔

操作程序：

指导者发给每人1张表，让大家思考一下，而后填写，大约花10分钟。填写完毕，在小组内（5~6人）交流。交流分三轮：

第一轮：每人轮流介绍六年级时的情况，并说明为什么这样写；

第二轮：每人轮流介绍现在的生活，并说明理由；

第三轮：每人轮流介绍对未来生活的展望及理由。

成员可以在分析自己、了解他人的过程中增强自觉、相互理解、产生共情。

六年级时的我	
兴趣	
问题	
希望	
现在的我	
兴趣	
问题	
希望	
十年后的我	
兴趣	
问题	
希望	

分享及讨论：略

动机游戏

目　　的：让成员感受到激励与动机的关系。
时　　间：10分钟
准　　备：几张一元的钞票，随机贴在学员的椅子下面。

操作程序：

组织者对学员说："请举起你们的右手"，保持一会儿后谢谢大家。问他们："你们为什么举手？"回答可能是："因为你要我们这么做。"或者是"因为你说了'请'"。得到3至4个答案以后，组织者说："请大家站起来，并把椅子举起来。"

绝大部分的情况下，没有人会采取行动。组织者继续说："如果我告诉你们，椅子下有钞票，你们会不会站起来并举起椅子看看？"

绝大多数人仍然不会采取行动，于是组织者说："好吧，我告诉你们，有几张椅子底下确实有钱。"（通常，2至3个学员会站起来，然后很快，所有人都会站起来。）于是有人找到纸币，叫着："这里有一张！"

分享及讨论：

1. 为什么第二次请你做事时，组织者要花费更多的努力？可能答案：因为感觉没有意义，没有动力，人们已经感到可能被诱导做没有意义的事等。

2. 钱是否能激励你？

生存选择

目　　的：探讨并澄清价值观，通过交流认清生活中最有价值的东西。
时　　间：60~80分钟
准　　备：无

操作程序：

指导者告诉成员：地球上发生了核战争，人类将要灭亡。但是，一位科学家发明了一个特别的核保护装置。如果谁能进入其中，谁就能生存下去。现在有十个人，但是核保护装置里的水、食品和空间有限，只能容纳七个人。也就是说，人类只能有七个人生存下去。请你决定谁应该活下去，谁只能面对死亡，为什么？并请排出先后次序。

①小学老师；

②小学老师怀孕的妻子；

③职业足球运动员；

④十二岁的女孩；

⑤外国游客；

⑥优秀的警官；

⑦年长的僧侣；

⑧流行男歌手；

⑨著名的小说家；

⑩慢性病住院患者。

小组成员生存人物	1	2	3	4	5	6	7
1							
2							
3							
4							
5							
6							
7							
8							
9							
10							

每位成员将自己的选择及理由填入统计表，并在小组内交流。为了获得小组一致的意见，全组充分讨论，各抒己见，各个人可以在讨论后修正自己的意见。然后每个小组派小组代表在整个团体中介绍小组的决定及讨论情况。小组成员可保留自己的意见，到团体中再阐明。

分享及讨论：

这个游戏包含着丰富的寓意，充分体现了每个成员的价值观，以及对未来社会的憧憬或理想。讨论并不要求得出一致的结论，真正的目的在于讨论过程中了解自己的价值观及他人的价值观，并通过他人的启发，调整自己的认识，认清生活中最重要的、最有意义的是什么。

火光熊熊

目　　的：明确自己的价值观，理解他人的价值观。

时　　间：30~45分钟

准　　备：纸，笔。

操作程序：

指导者将团体分成5人左右的小组，然后告诉大家："如果你的宿舍（或家里）正被烈火吞噬，情况危急，时间只够你冲进火海取出3样东西，你会选择哪三样？先后顺序是怎样的？它们对你有什么价值？还有没有重要的物品不在抢救之列？为什么？"然后给成员一定的时间让他们想一想，并写在纸上。

分享及讨论：

在小组内交流，告诉其他人你选择的原因。

心理游戏 游戏精选

临终遗命

目   的：对个人的人生价值观进行具体的探索，并协助其他团体成员在生活中做出明智的抉择。

时   间：45～60分钟

准   备：纸，笔。

操作程序：

指导者告诉团体成员："由于种种原因，你正面临着死亡，终期将至，时间只允许你再做最后十件事，你会做哪十件事？排出先后次序，然后写下你的遗嘱（五十字以内）。"每个成员认真思索后写下自己的决定和遗嘱，并向团体成员讲述自己的决定和遗嘱，解释原因，再谈一谈你在写的时候有什么感受，这感受对你今后的生活有什么影响。这个游戏可以帮助团体成员对自己的人生观和价值观进行整理，也可以通过与他人的交流启发自己。

分享及讨论：略

心理游戏 游戏精选

人生的最后时刻

目   的：探索个人的人生价值观。

时   间：30～40分钟

准   备：纸，笔。

操作程序：

指导者告诉全体成员，由于某种原因，现在我们每个人只剩下最后一天的寿命，也就是我们只有24小时可以利用。如果每人身体正常，可以自由地思考与行动，你会如何利用这仅剩的24小时呢？

每个人认真思考后写下来,在小组内交流。通过自我的探索与他人分享,使团体成员对自己的人生价值观有更深入的了解,并以此指导自己今后的生活。

分享及讨论:略

学会交往

目　　的:体验尊贵与卑微地位时的感受,学习在人际交往中,看重自己,尊重他人。

时　　间:30分钟左右

准　　备:扑克牌。

操作程序:

播放轻音乐,宴会开始。指导者发给每人一张扑克牌,作为入场的凭证,成员拿到牌后,将其置于头顶,牌的大小(K、Q、J……)代表自己职位的高低与身份的尊卑。请成员根据自己的地位与身份,以语言、非语言的方式向周围的客人表示问候。当音乐停止的时候,请成员按照自己体验的地位,依序排成一列,再把牌放在胸前,报出数字大小。

分享及讨论:

(围成一圈,发表感受)处于尊贵或卑微的地位时,身心有何感受?联系生活中的人际交往,你会想起什么?

领导最大

目　　的:打破人与人之间的距离,使之懂得尊重和被尊重。

时　　间:30分钟

准　　备：无

操作程序：

　　全体成员围成一个圆圈，先选出一个人为领导者（即命令者），领导者可随意说一句或一段话，也可做一个动作。注意：领导者发布的指令需有创意，可以是一长串的话，可以是大声的吼叫，也可以是肢体语言（如拥抱、训斥等），尽量回归自己真实的面貌。其他人与自己右边的成员组成二人小组，面向对方，依次仿照领导者的话或动作去做。

　　全部的人都做完后，再换第二个人当领导者，而其他人一样照着做。一直轮流当领导者，直到全部的人轮完为止。

注意事项：

1. 尽量放松，不拘束，领导者可以做任何你想做的事。
2. 其他人观察领导者指令的细节，并模仿。
3. 不可批评或拒做领导者的指令。

分享及讨论：

交流做领导者的感受与被领导的感受。

智慧钥匙

目　　的：培养成员寻找问题答案和从多角度思考问题的能力；让成员观察别人如何解决问题。

时　　间：30～45分钟

准　　备：每个小组一把椅子、一把扫帚或拖把（那种手柄拧进拖布或者扫帚头的样式）、一串钥匙；一个直径约2.5厘米的圆环（圆环的直径尺寸很重要，要求扫帚或拖把的手柄刚好不能插进圆环内，而拧在扫帚头或拖布里面的那部分手柄却能插进圆环内）；一根长16米的绳子。其他道具。如：一个花瓶、杯子、饼干盒、剪刀、胶带、书和报纸。

操作程序：

1. 选两名志愿者。

2. 要求两名志愿者立刻离开游戏场地，他们不能听到其他成员说话，也不能看到其他成员在干什么。

3. 布置道具：把椅子放在开阔场地的中心位置，同时把那串带有圆环的钥匙放在椅子上。把绳子放在地上，距椅子约 2 米远，然后以椅子为圆心把绳子围成圆形。圆的直径约为 4.5 米。

4. 让其中一名志愿者过来参加游戏。

5. 他的任务是从椅子上取走钥匙串。要求：不能跨入绳子围成的圆圈中，只能利用扫帚或拖把取走钥匙串，并且钥匙串不能掉在地面上。

6. 把扫帚或者拖把交给那名志愿者，其余成员观看他如何完成任务。

7. 若志愿者采用的方法明显不妥（如：试图尽量把扫帚把或者拖布把手插进圆环），则让他寻找其他办法解决问题。或许他用扫帚头或者拖布钩住椅子腿，把椅子拉到绳子边缘，取下钥匙串。

8. 志愿者解决问题之后，祝贺他，但同时说明那种方法不是你们所期望的。把椅子和钥匙串放回原处，让他用其他办法再试一次。

9. 一直做下去，直到他采用了你们期望的方法，即把拖把或者扫帚的把手拧下来，用较细的一端把钥匙环挑出来。

10. 重新摆好道具，要求第二名志愿者按照同样的规则去做。但这次他可以利用所有道具，包括扫帚或者拖把。

11. 让第二名志愿者一直做下去，直到采用了你们希望的方法为止。或许会占用一些时间，但相信他最终会成功的。

12. 引导大家就预见性、受到打击后灰心丧气和多角度思考等相关问题展开讨论。

分享及讨论：

1. 游戏过程中，第一种方法可预知吗？为什么？

2. 游戏过程中，志愿者有何感受？

3. 游戏进行时，其余队员看到了什么？

4. 志愿者好不容易想出办法但被告知是错误的时候，他有何感受？

5. 给第二名志愿者许多不相关的道具，公平吗？实际工作中，你有过此类现象吗？

6. 如何将游戏和实际工作联系起来？

爱在指间

目　　的：让同学们明白，人际交往需要敞开心扉接纳别人。

时　　间：30分钟

准　　备：无

操作程序：

1. 成员围成人数相等的内外两个圈，内外圈的人两两面对面。

2. 组织者喊"手势"，成员伸出手指，伸出1根手指表示"我现在还不想认识你"；伸出2根手指表示"我愿意初步认识你，并和你做有点头之交的朋友"；伸出3根手指表示"我很高兴认识你，并想对你有进一步的了解，和你做个普通朋友"；伸出4根手指表示"我很喜欢你，很想和你做好朋友，与你一起分享快乐和痛苦"。

3. 组织者喊"动作"，如果两人伸出的手指不一样，那么站着不动，什么动作都不需要做；如果两个人都伸出1根手指，那么各自把脸转向自己的右边，并重重地跺一下脚；如果两个人都伸出2根手指，那么微笑着向对方点点头；如果两个人都伸出3根手指，那么主动热情地握住对方的双手；如果两个人都伸出4根手指，那么热情地拥抱对方。

4. 每做完一组"动作—手势"，外圈的成员就分别向右跨一步，和下一个成员相视而站，跟随组织者的口令作出相应的动作和手势。以此类推，直到外圈的成员和内圈的每位成员都完成了一组"动作—手势"为止。

分享及讨论：

（1）刚才自己做了几个动作？握手和拥抱的亲密动作各完成了几个？为什么能完成这么多（或为什么只完成了这么少）的亲密动作？

（2）当你看到别人伸出的手指比你多时，你心中的感受是怎样的？当你伸出的手指比别人多时，你心中的感受又是怎样的？

（3）从这个游戏中，你得到什么启示？

代号接龙

目　　的： 训练个人的反应力和记忆力，以最快的速度判断自己的所在位置。

时　　间： 30分钟

准　　备： 无

操作程序：

1. 人数在10个以内最适合。

2. 参加者围成一个圆圈坐着，先选出1人扮特工。

3. 参加者以特工的位置为基准，从特工开始，算来的数字就是自己的代号。每个当特工的人都是1号，特工的右边第一位是2号，依次是3号……

4. 游戏从特工这里开始进行。如果特工开始说"1、2"，就是由第1个人传给第2个人的意思。

5. 2号在接到口令后，就要马上传给任何一个参加者，例如"2、5"，"2"就是2号自己的代号，"5"则是自己想传达者的代号，此数字可以自由选择。

6. 如此一直进行比赛。

7. 如果自己的代号被叫到却没有回答的人，就要做特工。

8. 特工的代号从1开始，所以当特工换人的时候，所有人的代号就重新更改。

分享及讨论：

游戏是否有趣，取决于参与者反应速度的快慢，所以应当培养良好的灵敏反应。

昂头挺胸向前走

目　的：锻炼自信心。

时　间：30分钟

准　备：无

操作程序：

先请一位成员展示一下她平时走路的样子，然后每个人根据她的表现来谈谈她给你一种怎样的感觉。指导老师示范一次昂首挺胸走路，所有成员分组进行练习，重复练习5次左右。

分享及讨论：

感受一下自己的精神状态是否有所变化，自信心是否有所增长。

给自己加油

目　的：提升自信心。

时　间：30分钟

准　备：无

操作程序：

每两个成员一组，左脚各迈出一步，用食指指着对方说五遍："你真棒！"然后接着用拇指指回自己说五遍："你真棒！我更棒！"

分享及讨论：略

角色扮演

目　的：根据角色进行人际交往。

时　间：30分钟

准　备：无

操作程序：

1. 指导老师设置几个情景：

（1）一个人在外面迷路了，向陌生人问路；

（2）在看电影时，前排的人正好挡住了你的视线，而且大声讲话，打扰大家看电影；

（3）你的老师让你代表全班同学在全校大会上讲话；

（4）你的老师正当着全班同学的面严厉地批评一位同学，而你知道这位同学是被冤枉的，你会站起来为他说句公道话吗？

2. 每两位同学一组，自选一个情景进行表演，其他成员对每组的表现进行评价，然后每组改进后再重新表演一遍。

分享及讨论：略

优点轰炸

目　的：学会欣赏他人，并接纳他人赞美。

时　间：30分钟

准　备：无

操作程序：

　　组员围成一圈，一人站在中间，炫耀自己的各种优点，吹得越厉害、越离谱、越完整越好，不需要经过大脑系统地整理。注意在说话的过程中一定要正视各成员的目光，而且声音要洪亮，可伴以手势和肢体表演。其他成员边听边适当地作出反映，并称赞他（她）"你真行！你………方面真的有很大的潜力！你是最棒的！"等。

分享及讨论：略

密室脱险

　　目　　的：锻炼同学们的反应能力及团队协作能力
　　时　　间：30分钟

　　准　　备：窄口烧瓶，乒乓球，线。

操作程序：

　　窄口烧瓶内4个带线乒乓球，最快速度全部出来，即表示团体脱险成功。

分享及讨论：

　　为什么一个小组能如此之快，而且全部人都安全逃出？是什么导致失败的小组不顺利？出了什么问题？

请你为我做件事

　　目　　的：体验施与受；促进人际关系；培养互助合作的态度。
　　时　　间：30分钟

　　准　　备：无

操作程序：

自由组成二人组合，分饰施方与受方，由受方请求施方为他做件事，例如"请你为我唱首歌"等各种可行合宜的事，在接受帮助后，受方必须表示感谢。（角色互相轮流）

分享及讨论：

讨论施与受的体验？当你帮助别人时，感受如何？当你接受别人帮助时，感受如何？你如何向他人表达谢意？

针 线 情

目　　的： 提高适应团体及有效处理人际关系的能力；培养合作精神及尊重他人的美德。

时　　间： 30分钟

准　　备： 无

操作程序：

1. 二人一组，一人拿针，一人拿线，限时一分钟（或更短），将线穿入针眼内就算完成。要两人合作，不得一人完成（穿针时不限单或双手），穿完线后，收拾起备用。

2. 准备心形卡片（由卡纸或书面纸制成，数量为活动总人数的一半），将心形卡片剪成任意的两半，分开置于两个纸盒内。分两组，分至两盒，每人各抽出一张，写上姓名。

3. 持半张心形卡片寻找另外半张配对，然后取针线将它们缝起来，组成一颗完整的心。

分享及讨论： 略

心理游戏 XinLi YouXi 游戏精选

脑力激荡

目　　的：发挥集体力量，探讨解决问题的有效办法及途径。

时　　间：30分钟

准　　备：无

操作程序：

指导者将成员分成两个小组，发给每个小组一张大纸，一支粗水笔。每组在10分钟以内尽可能多地就"怎样提高人际交往的能力"这一题目发表意见，活动中遵循三条规则：一是不评论他人的意见正确与否；二是尽可能多地出主意；三是争取数量超过别的小组。每个小组把自己的意见写在大纸上，指导者说"停"后，每个小组把自己的意见贴在墙上，并选一位代表解释这些意见，全体成员一起评论，方法最多的小组可以获得"优胜奖"，大家还可以评出"实用奖""认真奖"等。

分享及讨论：略

心理游戏 XinLi YouXi 游戏精选

真情告白

目　　的：结束团体，对未来生活进行适当地预估。

时　　间：30分钟

准　　备：无

操作程序：

播放轻柔的音乐，指导者给每个成员发一张白纸，并把它用别针别在成员的后背上，全体成员把自己最想送给另一成员的知心话用自己喜欢的彩色笔写在对方后背的纸上，全部写完后，成员先静静地坐1~2分钟，想象一下，别人会在纸上写些什么，然后拿下后背上的纸，仔细读一下别人送给你的知心话，体会一下你的心情如何？带着这些祝福，今后你打算怎样生活？

分享及讨论：

小组成员体验交流，分享感受。

推手游戏

目　　的：使队员彼此对抗。

时　　间：5~10分钟

准　　备：无

操作程序：

　　1. 每名队员选一个搭档。

　　2. 各组搭档要双脚并齐，面对面站立，距一臂之隔。

　　3. 两人都伸出胳膊，四掌相对。整个游戏过程中，不允许接触搭档的其他部位。

　　4. 每组搭档的任务是尽量让对方失去平衡，以移动双脚为准。未移动的一方将得一分。如果双方都失去平衡，均不得分。若队员触摸到对方身体的其他部位，则扣一分。

　　5. 让搭档们准备好后大喊一声"开始！"。

分享及讨论：

1. 各组的优胜者是谁？为什么？
2. 游戏过程中，什么办法最有效？
3. 这个游戏告诉我们在竞争中应该讲究什么技巧？
4. 如何将这个游戏和我们的实际工作联系起来？

我要做万人迷

目　　的：了解自己特定的思维及行为模式，学会应对冲突。

时　　间：30分钟

准　　备：各种各样的动物漫画。

操作程序：

　　1. 将各种各样的动物漫画给全体学员，可以做成图片贴在教室的墙上，也可以做成幻灯片，让大家分别描述不同动物的性格，主要是当他们遇到危险时的反应，比如说："乌龟遇到危险以后，就会缩到壳里。"

　　2. 让学员回想一下，当他们面对矛盾的时候会有什么反应，面对矛盾，他们的第一反应是什么，这一点和图中的哪种动物最像。如果图里面没有，也可以找其他的，最主要是要言之有理。

　　3. 让每个人描述一下，他所选择的动物的性格，并说出理由。比如说："我像刺猬，看上去浑身长刺，很难惹的样子，其实我很温驯。"

分享及讨论：

　　1. 你所选的动物和别人所选的动物是不是有什么奇怪的地方？你所应用的它那一部分性格，别人注意到了吗？

　　2. 当不同的动物性格的人碰到一起的时候，他们应该如何相处？

相亲相爱一家人

目　　的：通过身体的接触带来温暖和力量，使成员在结束前更实在地肯定团体的团结，体验大家在一起的感受，获得支持与信心。

时　　间：30分钟

准　　备：无

操作程序：

指导者请大家站立，围成圈，并将两手搭在两侧成员的肩上，或者是手拉着手，聚拢静默约30秒钟。然后，请大家闭上眼睛，听音乐《相亲相爱》，并跟随音乐节奏摆动身体，会唱者可跟着音乐低唱，使全体成员在一个充满温馨甜蜜而有内聚力的情景中告别团体，走向生活，留下一个永远的、美好的、极有象征性的、难忘的记忆。

分享及讨论：

每人用一句话畅想未来。

勇于承担责任

目　　的：学会承担责任。

时　　间：30分钟

准　　备：无

操作程序：

学员相隔一臂站成几排（视人数而定），指导者喊"一"时，学员向右转；喊"二"时，向左转；喊"三"时，向后转；喊"四"时，向前跨一步；喊"五"时，不动。当有人做错时，做错的人要走出队列，站到大家面前先鞠一躬，然后举起右手高声说："对不起，我错了！"做几个回合后，指导者提问："这个游戏说明什么？"

分享及讨论：

面对错误时，大多数情况是没人承认自己犯了错误；少数情况是有人认为自己错了，但没有勇气承认，因为很难克服心理障碍；极少数情况有人站出来承认自己错了。

培养领导力

目　　的：培育企业人的健全人格发展，并朝向全方位人才能力拓展。

时　　间：60分钟

准　　备：1. 众人关注的领袖人物的画像。

2. 将领袖人物的画像张贴在培训室的四周。注意画像的尺寸，组织者可以根据自己的喜好自由地选择。（最好要涵盖有特色的并且在你行业内被学员所熟知的杰出的领袖们。）

3. 在每张画像旁边贴一张空白的题板纸。

4. 给每个学员两张投标用的小纸条。

5. 给每个学员准备一支答题用的笔。

6. 给每个学员发一份表格。表格印有以下内容：下面列出了一些相当杰出的领袖人物，这些名字都是你们耳熟能详的，如成吉思汗、孙中山、毛泽东（根据所挂画像而定）。

（1）你在工作中，哪个领袖人物可能是最有效的沟通者？

（2）你在工作中，哪个领袖人物在谈判过程中可能是最有才能的？

（3）你在工作中，哪个领袖人物可能是最有效地解决问题的人？

（4）在危机中，你会信任哪个领袖人物？

（5）哪个领袖人物会对你的工作业绩有积极的评价？

（6）哪个领袖人物最适合做你的上级监管者？

（7）作为一个管理者，哪个领袖人物的风格与你自己的风格最为相似？

操作程序：

1. 组织者把所有学员分成若干小组，要求各小组人数一致，然后把准备好的表格发给学员。针对表格中的每个问题，要求学员从挂在墙上的领袖人物中选出一个相匹配，可以选择同一个领袖人物一次以上。逐项填完表格后，请他们举手。

2. 让学员看看其他人的选择。组织者大声念出每个问题，并且让学员站在他们选择的领袖人物画像下面。

3. 让学员说一下他们选择这个领袖人物的理由，把原因记在画像旁边的题板纸上。

4. 对于每个问题都重复一次这个过程。

5. 让学员重新坐好。选出学员选得最多的两三幅画像。

6. 让小组回顾一下写在那些领袖人物旁边的题板上的理由，并提出那些领袖人物最有可能说的关于管理本质的典型语录。把小组中喜欢的语录写在相应的领袖人物的画像下面。

分享及讨论：

1. 是否有一个或者多个领袖人物总是被选出来？如果有，思考为什么会这样呢？如果没有，是不是每一个领袖人物都具有一些共同的特征呢？在选择一个领袖人物的时候，是不是这些共性的特征常常被提到？

2. 你对不同的组织者风格或管理者风格有什么高见？

3. 作为一个组织者和作为一个管理者有什么不同？换句话说，是否有哪些组织者具有一些弱点？这些弱点会妨碍他们成为一个有效的管理者吗？

4. 对于自己的风格和偏好，你自己审视过吗？

5. 你已经辨析了不同的风格和你现在的工作环境是否匹配，对于其他的工作环境，你的回答会改变吗？你现在的工作环境和其他的工作环境有什么不同？

6. 如果你的员工站在你的画像下面，他们看重你的什么特征？在什么情况下，他们会选择其他领袖人物？

7. 什么障碍（内部的和外部的）会阻碍你成为你想成为的那个类型的领袖人物？

8. 经过以上的参考，在今后的工作中，你会采取哪些不同的做法？

魔幻算式

目　　的：让管理者明白优秀的团体领导人应该具备怎样的素质和能力。

时　　间：15分钟

准　　备：笔和纸、白板和白板笔。

操作程序：

1. 组织者对所有学员说："你们知道自己今年多大了吗？（学员：'知道'），你们有没有自己的幸运数字？（学员：'有'）请你们把自己的年龄和幸运数字在心中默念，不要说出来或者告诉其他人，接下来我们进行一个小小的数字游戏，等一下看看有什么奇迹出现。"

2. 组织者在白板上写下这样一个算式：（个人的幸运数字）×2＝？＋5＝？×50＝？＋（个人的周岁年龄）＋365＝？写完以后，要求所有学员在自己的纸上用30秒～1分钟的时间把自己心中默念的年龄和幸运数字结合，计算后得出答案（在学员开始做之前组织者可以举例说明，比如：幸运数字是5，年龄是37岁，用以上算式得出结果：1152，把结果写在白板上）。

3. 学员得出答案后，组织者要求所有学员找到身边任一学员进行交换，把交换后的数字减去615，就可以知道旁边学员的幸运数字和年龄了（如：1152-615＝537）。组织者问所有学员："你们问一问刚刚和你交换数字的学员，得出的最后答案是不是他们的年龄和幸运数字？如果是的话，鼓掌给他以鼓励！"

4. 组织者开始提问并组织学员进行讨论。

注意事项：

1. 组织者在讲述必备的素质和能力之前开始进行这个游戏。

2. 如果单纯作为破冰游戏，可不做讨论。

分享及讨论：

1.这个算式中，"×2"对于管理者意味着什么？

组织者归纳、引导方向：无论一个部门或者一个团体，其部门的组织者都要付出比别人加倍的努力。这是一个组织者自己应尽的责任。

2."+5"又表示什么意思呢？组织者归纳、引导方向：其实，你在付出的同时也有回报，"+5"就是你所努力的回报。

3."×50"呢？组织者归纳、引导方向：通过你自身的努力所取得的回报是有限的，最重要的是要使你所领导的部门或团体获得几何级数的绩效增长。组织者一般分为三类：第一类是只会用自己的高级士兵，却不是真正意义上的管理者，他不知道如何分配、授权以及评价一个人的绩效。第二类是会用别人的组织者。他明白，每个人的力量都是有限的，你不可能在所有方面都成功。这类人是业务上的高手，也是管理的专家，会用人。第三类是最聪明的领导，这类领导不仅仅会用个别的人才，还会用整个组织、团体。

4."+365"呢？组织者归纳、引导方向：意味着一年中的365天，一个好的理论需要每天去实践。

5.从游戏中领悟到优秀的管理者必须具备怎样的素质和能力。

捉逃串联

目　　的：训练反应速度，活跃团队氛围。
时　　间：10分钟
准　　备：无
操作程序：

学员全体起立，伸出左手食指及右手手掌。用左手手指抵住左手边学员的手掌，整个大组串联成一个圈。大家要做的就是尽量让你的手指逃离左手边学员的手掌，同时你的右手去抓住右手边学员的手指。听到指导者口令后，手掌要去抓另一人的手指，手指要逃离另一人的手掌。指导者与两位学员先示范。指导者喊"一二三"，大家一起开始。注意安全，不要把手指戳到别人身上，重复进行两次。

分享及讨论：略

价值大拍卖

心理游戏 XinLi YouXi 游戏精选

目　　的：尝试规划你的人生，思考自己最重要的是什么，感受竞争的压力，体验一次失去的痛苦和得到的喜悦。

时　　间：15分钟

准　　备：无

操作程序：

指导者："欢迎来到我的'魔法店'，里面可能有你想得到的东西，如健康、快乐、金钱等，但是你必须要支付一定的费用。接下来我们一起来进行一个拍卖游戏。"

1. 说明游戏规则：每个人有10000元，10000元＝一生的时间和精力。每样东西的底价为1000元，每次喊价以1000元为单位，价高者得到物品，叫价10000元立即成交。

2. 学员四人一组讨论要拍卖的项目，"人一生中最重要的东西有哪些""什么东西是许多人一直在追求的"。指导者把各组的讨论结果写在黑板上，总结出大家公认的生命中重要的项目，并确定每样东西底价1000元。

3. 每位学员有一个自己的号码牌（学号），每个项目逐一拍卖以后，将成交价格和最后得主的号码写在相应位置上。

分享及讨论：

1. 你买到什么？为什么买它？除了它，你本来还想买什么？为什么最终做了现在的这个选择？现在为此后悔吗？

2. 你为什么什么也没买？现在是否知道自己最想要什么？怎样才能得到它呢？

3. 在拍卖过程中，你的心情如何？指导者总结拍卖活动，引发学员对其生活价值的思考。

蒙眼作画

目　　的：使学员明白单向交流方式与双向交流方式可以取得不同效果；说明当我们集中所有的注意力去解决一个问题时，可以取得更好的结果。

时　　间：10~15分钟

准　　备：眼罩，纸，笔。

操作程序：

　　所有学员用眼罩将眼睛蒙上，然后指导者分发纸和笔，每人一份。要求学员蒙着眼睛将他们的家或者其他指定东西画在纸上。完成后，让学员摘下眼罩欣赏自己的大作。

变化：

1. 让每个学员在戴上眼罩前将他们的名字写在纸的反面。在他们完成图画后，指导者将所有的图片挂到墙上，让学员从中挑选出他们自己画的那幅。

2. 指导者用语言描述某样东西，让学员蒙着眼睛画下他们所听到的，然后比较他们所画的图并思考：为何每个人听到的是同样的描述，而画出的东西却是不同的？在工作中呢？

分享及讨论：

1. 为什么当他们蒙上眼睛时，所完成的画并不是他们所期望的那样？

2. 怎样使这一份工作更容易些？

3. 在工作场所中，如何解决这一问题？

雪花片片

心理游戏 XinLi YouXi 游戏精选

> 目　　的：学习沟通与倾听。
> 时　　间：20分钟

准　　备：每人一张薄的 A4 大小的空白纸张。

操作程序：

1. 所有学员将眼睛闭上，每人得到一张白纸。

2. 依照指导者的指示完成如下动作：

（1）先将白纸对折，再对折，从右上角撕下一个 2 cm 高的直角三角形；

（2）再对折一次，从右上角撕下一个边长 2 cm 的正方形；

（3）再将纸对折一次，从右上角撕下一个 2 cm 半径的圆弧扇形。

3. 学员完成指示后睁开眼，摊开纸看看是否相同。

4. 上述过程中，学员如有发问，训练员需给予回应，但若学员保持沉默，则在学员每一个动作后继续下指令。

也可采取不给发言的方式进行第一次，活动后相互讨论，以同样的方式再做一次，完成后睁开眼，摊开纸看看是否相同。

分享及讨论：

1. 了解不同的沟通模式。

2. 他人、我之间认知的差异。

3. 制度化与标准化。

狗鱼综合征

心理游戏 XinLi YouXi 游戏精选

目　　的：用实例向学员说明，妨碍他们运用在培训课程中学到的知识的阻力不仅来自外界，而且也存在于他们自身。

时　　间：30分钟

准　　备：无

操作程序：

讲述北美狗鱼的故事：狗鱼被放置在一个用玻璃隔开的鱼缸中，鱼缸的另一半里养着一些小鱼，可望而不可即。这条饥饿的狗鱼进行了无数次尝试，但结果总是撞到玻璃上。它最终明白了，自己无论如何也够不到那些小鱼。然后玻璃隔板被拿掉了，但是狗鱼并不去袭击小鱼。狗鱼随后的行为就是狗鱼综合征的表现，特点如下：

1. 对差别视而不见。
2. 自以为无所不知。
3. 滥用经验。
4. 墨守成规。
5. 拒绝考虑其他可能性。
6. 缺乏在压力下采取行动的能力。

分享及讨论：

1. 在你认识的人当中，是否有人曾表现出狗鱼综合征？是些什么样的例子？
2. 我们怎样帮助他人（或自己）摆脱狗鱼综合征？
3. 狗鱼综合征在何种方式下是有用的？

超级大头贴

目　的：用不同的是非问题猜出头顶上的答案。

时　间：20分钟

准　备：无

操作程序：

1. 分组，每组人数不限。

2. 每组派出一人面对面坐在中央（中间可放一把椅子）。

3. 老师在宣布题目后，分别把两张答案放在两人头上。这两人只能看到对方头上的答案，但不能看到自己头上的。

4. 当老师说"开始"时，两人可以开始问问题猜自己头上的答案，但必须先拍打放在中央的椅子或地板来做抢"问"。提的问题也只能是是非题。

5. 队员可在旁边帮忙回答，但不能问问题或讲答案出来。

6. 每队有三十秒到一分钟的时间来问问题（看题目难度而定），有三次（看题目难度而定）机会猜答案。

7. 每一轮派不同的人上来猜不同的题目，直到所有的题目被猜完。

8. 可根据每组猜对的数目来算分数，输的队必须接受处罚。

题目例子：

这个游戏的题目不一定只能猜人物。可根据团体中的熟悉度来出题目。每个题目必须要有两个答案。比如：团体中最爱唱卡拉ok的人？学员的名字是什么？

分享及讨论：略

猜猜是谁？

目　　的：借着猜背后的名字认识对方。

时　　间：15～30分钟

准　　备：一些名片贴纸（或任何纸加胶带），笔。

操作程序：

1. 给每个人一张名片贴纸，要求大家把自己的名字写在上面。

2. 老师收集所有的名片贴纸，然后把每一张贴纸贴在每个人背后（每个人背后不贴自己的名字），不能让他们知道他们背后的人的名字。

3. 游戏开始，每个人必须去问别的人任何是或不是的问题来猜他们背后名片上的名字。（人数多的话，只限一个人问一个问题）

分享及讨论：略

头脑风暴

目　　的：给学员练习创造性解决问题的机会。

时　　间：10分钟

准　　备：回形针，可移动的桌椅。

操作程序：

调查研究表明，创造性可以通过简单实际的练习培养出来。然而，大多数时候，革新想法往往被一些诸如"这个我们去年就已经试过了"或"我们一直就是这么做的"的话所扼杀。

为了给参与者发挥先天的创造性大开绿灯，我们可以进行头脑风暴的演练。头脑风暴的基本准则是：

1. 不允许有任何批评意见。

2. 欢迎异想天开（想法越离奇越好）。

3. 我们所要求的是数量而不是质量。

4. 我们寻求各种想法的组合和改进。

有了这些基本概念后，将全体人员分成每组4～6人的若干小组。他们的任务是在60秒内尽可能多地想出回形针的用途（也可以采用其他任何物品或题目）。每组指定一人负责记录想法的数量，而不是想法本身。在一分钟之后，请各组汇报他们所想到的主意的数量，然后举出其中"疯狂的"或"激进的"主意。有时，一些"傻"念头往往会被证实为很有意义。

分享及讨论：

1. 当你在进行头脑风暴时，还存在一些什么样的顾虑？

2. 你认为头脑风暴最适合于解决哪些问题？

3. 你现在能想到的在工作中可以利用头脑风暴的地方有哪些？

瞎子背瘸子

目　　的：沟通配合能力，活跃气氛。

时　　间：30分钟

准　　备：椅子、气球、鲜花若干。

操作程序：

当场选六名学员，三男三女，男生背女生。男生当"瞎子"，用纱巾蒙住眼睛，女生扮"瘸子"，为"瞎子"指引路，绕过路障，达到终点，最早到达者，为赢。其中路障设置可摆放椅子（须绕行），气球（须踩破），鲜花（须拾起，递给女生）等。

分享及讨论：略

联　　想

目　的：沟通表达，聆听的训练。

时　间：约 30 分钟

准　备：室内外场地均可，纸，笔。

操作程序：

1. 活动前先选好伙伴，两人或多人一组。

2. 由指导者分别说出三个主题：树木（数目）、钱、高潮。

3. 每次听完一个主题，学员各写下 5 个相关的联想句，三个主题共 15 个联想句。

4. 全部写完后所有组员比对，算一算有多少相同的联想句。

5. 只可以听，不能讨论或是发问。

分享及讨论：

1. 发现人与人内在认知上的差异与自以为是的部分。

2. 揭示人对金钱的价值观与关系。

3. 可能联想到较私密的话题，而使人不安、不好意思说，造成沟通上的障碍及表达上的恐惧。

打破常规

目　的：用实例向学员证明，成见可能会妨碍他们接受新观点。

时　间：20 分钟

准　备：每人一张纸和一支笔。

操作程序：

1. 让学员看一下由九个点组成的图形（如下图）。请他们照原样把这九个点画在纸上,要求用一笔、四条直线把九个点连起来,线与线之间不得断开。

2.给学员几分钟时间,让他们试着画一下。然后问有多少人成功地解出了这道题,并请一位自告奋勇的学员走到前面,画出正确答案,或者用幻灯片给出正确答案。

● ● ●
● ● ●
● ● ●

分享及讨论:

1.这九个点组成的图形最初在我们头脑中留下的印象是什么?

2.解这道题的关键是什么?(如何跳出我们自己或他人为我们画的框框)

3.这个游戏对于本次培训、会议以及我们的工作有什么启示?

七彩积木

目　　的:团队协作。

时　　间:约1小时

准　　备:无

操作程序:

1.将参加人员分成若干组,每组4~6人为宜。

2.每组讨论三分钟,根据自己平时的特点分成两队,分别为"指导者"和"操作者"。

3.请每组"操作者"暂时先到教室外面等候。

4.这时组织者拿出自己做好的模型,让每组剩下的"指导者"观看(不许拆开),并记录下模型的样式。

5.15分钟后,将模型收起,请"操作者"进入教室,每组"指导者"

将刚刚看到的模型描述给"操作者",由"操作者"搭建一个与模型一模一样的造型。

6. 组织者展示标准模型,用时少且出错率低者为胜。

7. 让"指导者"和"操作者"分别将自己的感受用彩笔写在白纸上。

分享及讨论:

1. 身为指导者的你,体会到什么?

2. 身为操作者的你,体会到什么?

3. 当操作者没有完全按照你的指导去做的时候,作为指导者的你有什么感觉?

4. 当感觉到你没能完全领会指导者意图的时候,作为操作者的你有什么感觉?

5. 当竞争对手已经做完且欢呼雀跃的时候,你们有什么感受?

6. 当看到最后的作品与标准模型不一样的时候,你们有什么感受?

7. 是效率给予的压力大,还是安全性给予的压力大?

8. 指导者和操作者感受到的压力有什么不一样?

留住我的心

目　　的: 克服上课及阅读时的不专心。

时　　间: 30分钟

准　　备: 无

操作程序:

1. 指导者先说明专心对上课及阅读的重要性。

2. 练习注意力集中术(即视觉和听觉配合训练)。

(1)首先在空中描绘出一个点,此时让心中唯存此点,并凝想此点。

(2)慢慢将此点延伸为一直线,继续凝想此直线,并将凝想的时间拉长。

（3）描绘出较复杂的星形或涡形，并凝想该图形一段时间，继续将图形复杂化，并保持凝想，同时拉长凝想的时间。

3. 参与成员分享练习的感受，分享之后再练两次或三次。

4. 指导者鼓励成员每天做练习，并提醒成员每天练习时尽量避免受到外在声音的干扰。

备注：

1. 此套"视觉和听觉配合训练"是一种十分有效的注意力集中术。

2. 另一种"视觉、听觉结合法"对于拉回分散的注意力也很有效。利用此方式听时钟的滴答声，第一天十次，第二天十五次，第三天二十次，逐渐增多次数，每次都十分专心地聆听半个月至一个月后，便可养成专心注意的习惯。

分享及讨论：略

连点游戏

心理游戏 游戏精选

目　　的：说明大多数人是具有竞争性的，训练团体协作，寻求问题的解决方式。

时　　间：5～10分钟

准　　备：每个小组一幅图、一支笔。

操作程序：

告知所有学员他们要做的是个小游戏，让每人选择一位同伴组成一个小组，分发给每个小组一幅带有许多黑点的图和笔。讲述任务："每组中，第一位组员首先将两个横向或竖向的黑点相连，小组中第二位成员依样连点，但必须接着前一位所连线的任一段。然后再由第一位组员继续完成相同的动作。

在游戏过程中，整个线条的首尾不能相连。如有必要，可以出示样图。游戏时间限定为2分钟左右。当所有人完成游戏，看看他们的成果，哪个小组中的哪位成员连的点最多。一些人在描述中会提到诸如输、赢这类的问题，而这些在游戏开始时并没有提及。然后讨论，为什么他们会将一个简单的游戏看作是一个竞赛。还可以进一步探讨如假设团体合作等问题。

分享及讨论：

1. 为什么人们会假设这是一个竞赛？
2. 我们能否得到双赢的结果？
3. 在工作中，你有类似情况吗？

```
. . . . . . . . .
. . . . . . . . .
. . . . . . . . .
. . . . . . . . .
. . . . . . . . .
. . . . . . . . .
. . . . . . . . .
. . . . . . . . .
. . . . . . . . .
```

猜人名游戏

目　　的：训练一线管理人员或参加培训的销售人员熟练使用封闭式问题的能力，利用所获取的信息缩小范围，从而达到最终目的。该训练让学员在寻求YES答案的过程中，练习如何组织问题及分析所得到的信息。

时　　间：15～20分钟

准　　备：四顶写有名人名字的帽子，四把椅子。

操作程序：

分5人一组，20人一个班最为适合，这样就有4个小组。

1. 在教室前面摆四把椅子。

2. 每组选一名代表为名人坐在椅子上，面对小组的队员们。

3. 组织者给坐在椅子上的每一位名人戴上写有名人名字的帽子。

4. 每组的组员除了坐在椅子上的自己不知道自己是什么名人，其他队员都知道，但谁都不能直接说出来。

5. 现在开始猜，从1号开始，他必须要问封闭式的问题如"我是××吗？"如果小组成员回答"是"，他还可以问第二个问题。如果小组成员回答"不是"，他就失去机会，轮到2号发问，如此类推。

6. 谁先猜出自己是谁者为赢。组织者应准备一些小礼物给赢队。

分享及讨论：

1. 你认为哪一位名人提问者最有逻辑性？
2. 如果你是名人，你会怎样改进提问的方法？

撕　　纸

目　　的：说明我们平时的沟通过程中，经常使用单向的沟通方式，结果听者总是见仁见智，个人按照自己的理解来执行，通常都会出现很大的差异。

时　　间：30分钟

准　　备：总人数两倍的A4纸（废纸亦可）。

操作程序：

1. 组织者给每位学员发一张纸。

2. 组织者发出单项指令：

大家闭上眼睛，全过程不许问问题；把纸对折、再对折、再对折，把右上角撕下来，转180度，把左上角也撕下来；睁开眼睛，把纸打开。

组织者会发现各种答案。

3. 这时组织者可以请一位学员上来，重复上述指令，唯一不同的是这次学员们可以问问题。

分享及讨论：

1. 完成第一步之后可以问大家，为什么会有这么多不同的结果（也许大家的回答是因为单向沟通不许问问题）。

2. 完成第二步之后又问大家，为什么还会有不同的结果（希望说明的是：任何沟通的形式及方法都不是绝对的，它依赖于沟通者双方彼此的了解、沟通环境的限制等，沟通是意义转换的过程）

数字传递

目　　的：团队协作，相互配合。

时　　间：30分钟

准　　备：无

操作程序：

1. 将学员分成若干组，每组5~8名学员，每组选派一名组员出来担任监督员。

2. 所有参赛的组员按纵列排好，队列的最后一人排到组织者处，组织者向全体参赛学员和监督员宣布游戏规则。

3. 游戏规则

（1）各组代表来到主席台，组织者："我将给你们看一个数字，你们必须把这个数字通过肢体语言让其他组员都知道，并且让小组的第一个组员将这个数字写在讲台前的白纸上（写上组名），看哪个组最快，最准确。"

（2）全过程不允许说话，后面一个组员只能够通过肢体语言向前一个组员进行表达，通过这样的传递方式层层传递，直到第一个组员将这个数字写在白纸上。

（3）比赛进行三局（数字分别是0、900、0.01），每局休息1分15秒。第一局胜利积5分，第二局胜利积8分，第三局胜利积10分。

分享及讨论：

1. 计划、实施、检查与行动之间的循环，在这个游戏中如何得到体现？
2. 上述四个循环中，哪个环节更为重要？

囊中失物

目　　的：让学员们体验解决问题的方法。学员们之间面对同样一个问题会表现出不同的态度，学会如何达成共识，并配合共同解决问题。

时　　间：30分钟

准　　备：有规律的一套玩具，眼罩。

操作程序：

1. 组织者用袋子装着有规律的一套玩具、眼罩，并发出游戏规则：我有一套物品，我抽出一个，然后给你们一人一个，你们再通过沟通猜出我拿走的物品的颜色和形状。全过程每人只能问一个问题"这是什么颜色"，我就会回答你，你手里拿着的物品的颜色，但如果同时很多人问，我就不会回答。全过程只能摸自己的物品，而不得摸其他人的物品。

2. 组织者让每位学员都戴上眼罩，开始游戏。

分享及讨论：

1. 你的感觉如何？开始时你是不是认为这完全没有可能，后来又怎样呢？

2. 你认为在解决这一问题的过程中，最大的障碍是什么？

3. 你对执行过程中大家的沟通表现如何评价？

4. 你认为还有什么改善的方法？

"听与说"游戏

目　　的：认真聆听，价值观澄清。

时　　间：30分钟

准　　备：无

操作程序：

角色分配：

1. 孕妇：怀胎八月。

2. 发明家：正在研究新能源（可再生、无污染）汽车。

3. 医学家：多年研究艾滋病的治疗方案，已取得突破性进展。

4. 航天员：即将远征火星，寻找适合人类居住的新星球。

5. 生态学家：负责热带雨林抢救工作。

6. 流浪汉。

游戏背景：私人飞机坠落在荒岛上，只有6人存活。逃生工具只有一个只能容纳一人的橡皮气球吊篮；没有水和食物。

分享及讨论：

针对由谁乘坐气球先行离岛的问题，各自陈诉理由。先复述前一人的理由再陈述自己的理由。最后，由大家根据复述别人逃生理由的完整与陈述自身理由充分的人，自行决定可先行离岛的人。

1. 认真聆听别人的话，记住别人的想法，这样别人才会相信你，才会让你去求救。由此可见，聆听非常重要。

2. 根据学员的表现评价：好的表达/坏的表达。

第三章　团体游戏

> "如果快乐工作，一天都不在工作"。以此类推，热爱工作，更喜欢团队，就是"如果喜欢一个团队，每天都是幸福的"。

默契报数

目　　的：体验团体的默契。

准　　备：无

操作程序：

规则：①谁都可以开始；②同一个人不可连续重复报数；③成员间不可以沟通、提醒、暗示或使眼色；④不限制报数的前后顺序，一切由彼此默契决定；⑤若两人同时或多人共同报数，则重来；⑥以不超过三十分钟为原则；⑦每组五到十五人。

1. 所有成员围成一个大圆圈；

2. 所有人同时面向圆心，分别往圆内走五步，碰到人则让开继续走，可根据情况走（比如两步）；

3. 走完五步则立定，然后开始报数，从1开始（以上为混乱顺序的方式，也可以请所有人以逛街的方式，随处走动）；

4. 所有数目都被报过且没有重复，任务则完成。

分享及讨论：

1. 你刚刚有什么感觉吗？

A. 适时勇敢报数；

B. 找到自己的位置，就像 1~7 的数字到后来都有固定的人报；

2. 过程中，你感受到什么？

A. 聪明！因为从 1~7 固定之后的数字，大家都不敢乱喊。

B. 有一种灵气在我们之间流动；

C. 我觉得在这样的团体中，我有一种自豪的感觉。

3. 这个游戏，能让大家明白什么是默契吗？

A. 默契需要一定的忍耐；

B. 默契需要一点勇气。

4. 你们觉得在组织内要如何培养默契呢？

A. 经常沟通与协调是非常重要的；

B. 彼此接纳与信任，宽容与耐心等也是非常重要的。

心得分享：

1. 组织中有没有像这样的灰色地带？（比如：少做少错，多做多错，不做不错的心理，让多数人对于没有划分明确、指定分派的工作，不愿意主动去负责和分担。）

2. 组织内如何创造出一种环境，让大家打破"多做多错，少做少错"的不负责任心理？

3. 组织者要以身作则，不批评、不责备、不抱怨。

团结一家人

目　　的：锻炼团队的协作能力。

准　　备：依人数多少给予大、中、小的塑胶帆布。

操作程序：

参加游戏的人都必须站在塑胶帆布上，需要将塑胶帆布翻过来。只要有人身体的任何部分触碰到地面，游戏就要重来。

分享及讨论：

1. 我们怎么办到的？在过程中听到什么？有何感受？

2. 塑胶帆布像什么？整个过程又是什么？

3. 在生活中有无类似感受？

4. 从过程中你学到什么？

变化： 帆布面越小越难，可计算难度系数。

解开千千结

心理游戏 XinLi YouXi 游戏精选

目　　的： 相信自己，也信任团队。

准　　备： 空间足够大，能使队伍站着不挤的圆。

操作程序：

每队6人或8人或10人，最好不要少于8人。每队的人数要相等，队长要随机准备加入或离开以保证队伍人数相等。

将学员分成人数相等的队伍。将队伍安排在一个大致的圆中，大家向前看。每个人都走到圆中间，并用右手握住对面的人，同时左手握住另一个人的左手，这样整个队伍就打成一个结了。练习的目的是打开这个结，让队伍成圆形。在练习中，他们可以调整握手的方式，但不能松开手。

分享及讨论：

1. 打结非常有助于促进队伍思想的交流和队伍间的接触（活动中会有大量的笑声和队员的呐喊）。

2. 身体的接触，能有效地打破彼此间的隔阂，并帮助每个人通过每一个结口。

蒙眼三角形

目　　的：使学员互助合作形成共识，完成低难度活动。

准　　备：场地应选择在户外草地上进行，以免跌倒受伤；粗棉绳一条，眼罩（数量依人数而定）。

操作程序：

用眼罩将所有学员的眼睛蒙上，在蒙上前请学员先观察一下四周的环境。然后，将双手举在胸前，像保险杠般保护自己与他人。目标是整个团体找到一条很长的绳子，并将它拉成正三角形，且顶点必须对着北方。完成时，每个人都能握住绳子。

分享及讨论：

1. 回想一下发生过什么事？
2. 怎样找到绳子？
3. 如何拉正三角形？
4. 想象和蒙上眼之前看到的差异大吗？其他人当时的想法如何？
5. 绳子像什么？
6. 这个游戏和工作类似吗？
7. 游戏最有价值之处是什么？
8. 如果再玩一次，你会怎么做？

变化：1. 可以排列不同队形；

2. 绳子可以用尽（难），也可以不用尽（易）。

囚徒困境

目　　的：增强团体成员之间的相互信任；加强成员间感情的沟通。

准　　备：在一个风景优美的地方进行这个游戏，可以帮助大家重新把心放回到大自然当中，陶冶情操，恢复青春与活力。

操作程序：

1. 培训者首先给大家讲述一个故事：

你们组属于古城探险队的一部分。据说古城位于一个与世隔绝的森林里。你们调查研究后找到一个向导，由于存在语言障碍，通过翻译费心地解释，他才同意带路。由于古城到处散落有金币、宝石，并且宣称如果宝物被盗，全城人民将面临灾难，因此，条件是大家必须答应都戴上眼罩，保证以后不会再找这条路，一路上不能有语言交流，但是可以通过其他声音或肢体语言来传递信息给后面的组员，以确保团体能安全到达目的地。

2. 组员手拉手围成圈，戴上眼罩。

3. 悄悄让一个组员摘下眼罩，告诉他他将充当向导，负责带领整个团体（告知终点）。

4. 让两位组员充当沿途的保护者，可备一些食品在游戏结束后让组员（包括向导和保护者）边吃边谈各自的体验与感受。

分享及讨论：

1. 当你被蒙上眼睛的时候，你有一种什么样的感觉？你是否能完全信任你的向导？

2. 如果现实生活中，你遇到需要将自己的安全寄托在别人身上的事情，你会选择怎样做？在何种前提下你才会这样做？

团体氛围

目　　的：创造性解决问题；团体合作精神的培养；对于团体合作环境的思索。

准　　备：纸，笔。

操作程序：

　　1. 将学员分成五人一组。给每个小组一些纸和笔，建议每个小组的人围成一圈坐在桌子旁。

　　2. 让他们分别列举出十个最不受人欢迎和最受人欢迎的氛围，例如：放任、愤世嫉俗、独裁、轻松、平等等。

　　3. 将每个小组的答案公布于众，然后让他们解释他们回答这些答案的原因。

　　4. 大家讨论一下，什么样的班级氛围才最适合班级的发展。

分享及讨论：

1. 理想的班级氛围反映了你什么样的价值？

2. 你与你团体的意见是否相同？如果有什么不同的地方，你们是如何解决的？彼此应该怎样进行交流？

集体智慧

目　　的：活跃气氛；创造性地解决问题；团体沟通。

准　　备：一块黑板，室内。

操作程序：

　　相信大家都玩过词语接龙或续写故事的培训游戏，比如前一个人为一个故事起了个开头，后面的人就按照这个思路把故事接下去，一直到编成一个完整的故事为止。这个游戏就是将上述形式深化了一下，目的在于让受训者明白如何在受限制的情况下发挥想象力和创造力。

　　1. 将受训者两两分组，做一个与某个话题（可以任意选择，只要大家感兴趣，比如旅游）有关的演出。

　　2. 指定每组的两个成员中一人为A，另一人为B。A是这场游戏的演员，B是A的台词提示者。

3.B组挨着A组的同伴站着，当轮到自己的角色说话时，就会把台词告诉A。而每个A成员的任务就是接受同伴B提供的任何台词，在此基础上再加以发挥，把戏演下去。A成员要密切配合B成员的意思，好像这些台词就是他们本人想出来的一样。

4.为了使受训者充分理解培训者的意图，培训者可以先做一下示范。挑选一位学员后，培训者开始说："我非常想和你一起旅游，因为小王你……"

5.培训者拍一下小王（B组人）的肩膀。小王需立刻接下去："我总是与你的喜好一致。"培训者结合小王的话继续说："总是与我的喜好一致。事实上，我们有过一次愉快的旅游经历，那一次……"

6.培训者再次拍小王的肩膀。小王说："我俩结伴去了黄山。"培训者接着说："我俩结伴去了黄山，那真是一次美妙的经历。"

7.培训者又一次拍小王的肩膀。小王说："什么时候我们还能共同休假呢？"培训者说："什么时候我们还能共同休假呢？那时我们再一起出游吧……"

8.让所有受训者观看示范，然后让他们各组散开练习一下，5分钟后大家集合，集体完成一次演出。

分享及讨论：

1.请A组人员考虑：为了适应并转换B组搭档的台词，你必须做些什么？是否感到吃力或有其他感觉？怎样才能使这个过程不那么煎熬呢？

2.请B组人员考虑：你们的任务是帮助A组人员完成任务，所以为他们提供台词并使这一切进行得容易一些，你们需要做些什么？当A组成员没能顺利利用你的台词时，你有何感觉？

总　　结

1.无论A组还是B组成员，都不可以迟钝地、恶作剧地做这个游戏，否则不仅会给搭档造成困难而且会破坏训练的效果。大家的目的是将一个故事合理、顺畅地完成下来，而不是给别人出难题或显示自己的才能。这个游戏体现了公平的合作，即快乐来自与他人分享创意。

2. 一个团体最不可少的就是团体的合作精神，而合作精神最重要的就是要善于倾听别人的意见——像对待你的意见一样，给予他人的想法和念头以足够多的关注。这个团体也许最终会采用你的想法，但这在集体讨论会上不是最重要的，最重要的是要善于倾听他人的发言。

扫把情人

目　　的：活跃团队氛围。

准　　备：长柄扫把。

操作程序：

1. 几个人排成圆圈定号码，一个人站在圆圈中间，让扫把立在中间。
2. 中间的人说出一个号码，同时把手中倒立的扫把放开。
3. 被叫到号码的人立刻跑去在扫把倒地前抓住扫把。
4. 没抓住的人受罚。

分享及讨论：略

拼纸游戏

目　　的：学会换位思考。

准　　备：把一张图画纸切成12片，然后再复原的游戏。

操作程序：

1. 各组互相商量后把一张图画纸剪成12片。
2. 把剪碎的碎片交给对方。

3. 各组将对方交来的碎片复原，最快复原的一组获胜。

分享及讨论：略

合力吹气球

目　　的：活跃氛围，增强团队凝聚力。

准　　备：每组各六张签，上写：嘴巴；手（两张）；屁股；脚（两张）；气球（每组一个）。

操作程序：

1. 分组，不限几组，但每组必须要有六人。

2. 主持人请每组每人抽签。

3. 首先抽到嘴巴的必须借着抽到手的两人帮助来把气球给吹起（抽到嘴巴的人不能用手自己吹起气球）；然后两个抽到脚的人抬起抽到屁股的人去把气球给坐破。

分享及讨论：略

恐惧阻力

目　　的：克服内心恐惧，挑战自我。

准　　备：4张椅子，8个气球，30颗糖果。

操作程序：

首先要将所有人按8人一队进行分组。组织者："接下来要进行的是一个有趣的团体比赛，叫'恐惧阻力'，比赛共分两轮进行，每个队都要按要求在规定的时间内完成任务，表现出色的队将胜出。

请你们自愿组成两人一组……相互看一下，指甲较短或修得较好的为A，另一个人为B，请A用我们发的黑色垃圾袋蒙住B的眼睛，其他队的同学可以检查他们的准备工作。

其他队的同学会在你们的前方设置一个区域，椅子是障碍，气球是危险，糖果是目标，大家要在三分钟之内尽可能多地找到糖果。

规则是这样的，我的哨音响后，请A抓着蒙着眼睛的搭档B的胳膊或者袖子，由蒙着眼的B带路，只有B才能拾起糖果然后交给A，A不能给予任何暗示，只能用'是'或'不是'来回答B提出的问题，如'我能向左吗'或者'如果我再走两步会撞到东西吗'，过程中碰到三次气球就要马上出局。

紧接着的是第二轮游戏，这次的规则改了，A可以给B任何提示。"

分享及讨论：

陌生环境所带来的恐惧是如何影响我们对理想的追求的？A是我们获取信息的部分，B是恐惧的肉体象征，两个部分合在一起就是自己。糖果代表我们在生活中要达到的目标，椅子代表困难与阻碍，气球代表误区与陷阱。几乎任何应对新环境的努力都涉及恐惧，恐惧总是使我们放慢脚步，使我们更小心地前进。

突围闯关

目 的：热身并增强团体凝聚力。

准 备：无

操作程序：

1. 小组成员站着围成一个圆圈，面向圈内，其中一人站在圈内向外突围，看是否成功。

2. 小组成员站着围成一个圆圈，面向圈外，其中一人站在圈外向内闯关，看能否成功。

分享及讨论：

小组成员体验交流，分享感受。

透 支

目　　的： 说明即使优秀的人也会在一些游戏中失败。

准　　备： 一段直径为12毫米的绳子。

操作程序：

1. 把绳子拉直后放在地上。

2. 让队员们在距绳子30厘米处站立。

3. 让他们下蹲，双手分别紧握脚后跟。

4. 他们的任务是跳跃通过绳子，而手脚不能松开。如果有人完成这个动作，将赢得一张10元纸币。他们只能向前跳跃，不能滚动或者倒下，同时双手紧握双脚，不能放松。

5. 当所有人都放弃后，告诉大家在培训游戏中，有时可能根本不能"赢"。成功和失败不是最重要的，关键是通过参与学到东西。对于看起来似乎"不可能完成"的事情，有些的确无法办到，但有些却也未必。总之，大家重在参与，乐在其中。

分享及讨论：

1. 这个动作有可能完成吗？
2. 游戏的目的是什么？
3. 如何将该游戏和我们将要开展的培训联系起来？

生 产 线

目　　的： 培养团体精神；学习和睦与相互协调。

准　　备：水管（剖成对半）16 根/每组，长短不一；大小、类型不同的球类 10 颗；桶子一个（水桶或置物篮）一个。

操作程序：

1. 选定一段距离（约比人数多两大步），将水桶放在尾端，小组学员必须利用手中的水管将所有的球运至尾端的水桶中，任务才算完成。

2. 运送的过程中，水管不可碰到或重叠，与前后伙伴的手不可接触。

3. 球在行进时，只能前进不能后退或停滞，也不能掉落在地面上或水管之外。若违规，必须再从起点运送。

4. 球如果弹出桶外，需再从头运送一次。

分享及讨论：

1. 在合作的过程中，很容易发生许多的状况，如何学习接纳别人的失败？

2. 人际关系中的同理心。

3. 由高挫折活动所引起的情绪管理问题。

4. 了解团体的特质，并透过成员之间不断地支持、互助、协调，克服不同阶段的团体问题，就可以达成团体目标。

团体过河

目　　的：问题决策与解决，强化团体运作的能力。

准　　备：栈板 3~5 个，每个栈板间距离 2.3~2.4 米、（木）踏板 2 片（1.2~1.8 米长）。

操作程序：

1. 全组人员一起站上第一块栈板，并带着两个踏板出发。

2. 进行过程中，若有任何人掉落栈板，则整组必须重来。

3. 踏板若掉落，也必须重来。

4. 整组人员必须带着两个踏板至最后一站，且唱完一首歌，才算完成。

注意：在进行过程中多给予学员鼓励，注意学员手指及脚踝的安全。

分享及讨论：

1. 解决问题时，策略形成的过程。

2. 建立团体运作的机制与能力（沟通、协调、互助等）。

3. 成员对团体的认同感与共识。

4. 个人利益与团体利益如何取舍？

建　塔

目　　的：让团体成员在执行团体任务中发挥创意，并且让每个成员都能扮演各自角色，为完成团体任务作出贡献；让团体成员认识到参与的重要性。

准　　备：每组吸管30支，胶带一卷，剪刀一把，订书机一个。

操作程序：

全体学员，5人为一个小组，然后发给每个小组材料，并说明每组要在25分钟之内用这些材料建一座自己认为最漂亮的塔。这座塔的塔高至少50 cm，要求外形美观，结构合理，创意第一。做完之后，每组把塔摆在大家面前，进行评比。胜出小组会得到一些小礼品。

分享及讨论：

1. 你的小组在工作过程中，是否每个人都有参与？当别人参与程度不够的时候你有什么感觉？

2. 你的塔的创意是怎样得来的？

3. 你对小组的合作有什么看法？

变化：

1. 通过不同的内容来考核团体的配合程度，如：改建塔为建造房屋等。

2. 难度变化：资源越少，时间越短，难度越高。

提高解决问题能力

目　　的：让学员体验自己团体解决问题的能力、计划能力及团体合作精神。

准　　备：无

操作程序：

1. 组织者让学员们把 25 米的绳拉成一个圈，并用水桶装九成满的水放在圆圈的中间，用砖头把水桶垫起来。

2. 组织者开始给学员们讲下面一段故事："在一个山村中有一枚古老的没有爆炸的核弹头，它给该地区造成了威胁。你们作为特工人员将去该地区取得核弹头，并将其引爆。圆圈内为辐射区，所有人员都不得进入圈中，2 条 20 米长的绳子及 2 条竹子为防辐射物品，可以帮助大家进入辐射区，但不能将它们碰到地上。"

3. 全体成员必须在 30 分钟内把水桶提出，且保证水不能洒出来。

分享及讨论：

1. 全队中共出现过多少个主意？为什么采纳了现在所使用的主意来执行任务？

2. 在全过程中，你认为最佳的表现在哪里？团体的合作精神体现在哪里？

3. 团体在解决问题时，采取的是什么步骤？这些步骤有什么地方可以改进？

缩小包围圈

目　　的：使团队充满活力，创造融洽的气氛，为后续培训活动的开展奠定良好基础；让队员们能够自然地进行身体接触和配合，消除害羞和忸怩感。

准　　备：无

操作程序：

1. 让队员们紧密地围成一圈，包括你自己。

2. 让每个队员把自己的胳膊搭在相邻同伴的肩膀上。

3. 告诉大家："我们将要面临一项非常艰巨的任务。这项任务是大家要一起向着圆心迈3大步，同时要保证大家已经围好的圆圈不被破坏。"

4. 等大家都搞清楚了游戏要求之后，让大家一起开始迈第一步。迈完第一步后，给大家一些鼓励和表扬。

5. 让大家一起开始迈第二步。第二步迈完之后，组织者可能就不必挖空心思去想那些表扬与鼓励的词语了，因为，目前的处境已经使大家忍俊不禁了。

6. 让大家一起迈第三步，其结果可能是圆圈断开，很多队员摔倒在地。尽管很难成功地完成任务，但是这项活动会使大家开怀大笑，烦恼尽消。

变通：如果参加人数较多的话，比如多于40个人，可能分成小组来做游戏会更好一些；也可以把队员们的眼睛都蒙起来做这个游戏。

分享及讨论：略

团体报数

目　　的：使团体通过竞争提高他们的效率；使队员看到团体的责任心。

准　　备：秒表，白板，音乐，散文。

操作程序：

1. 要求所有参加的人在两分钟之内平均分成两组。

2. 挑选男女队长各一名，组织团体进行比赛（队长不参加比赛）。

3. 教练要求队长宣誓，提三个问题："有没有信心战胜对手""如果失败，敢不敢面对队员的指责""如果失败，愿不愿意承担由此所带来的一切责任"。

4. 教练宣布比赛规则：

（1）全队学员进行报数，速度越快越好；

（2）分别进行8轮比赛，每轮比赛间隔休息3分钟、2分钟（2次）、1分半钟（2次）、1分钟（2次）。

（3）每轮比赛进行奖惩。输者，由队长率领队员向对方表示诚服，并向对方队员说："愿赌服输，恭喜你们！"并由男女队长做俯卧撑10次，如果以后再输，俯卧撑的次数将会成倍递增。赢者，全队哈哈大笑，以示胜利。

（4）将每轮比赛的结果记录在白板上。

5. 游戏结束，播放抒情音乐（熄灯），诵读一篇散文（记叙文，并在最后一轮失败的男女队长在做俯卧撑的时候，让学员深深感受到责任是非常重要的）。

6. 诵读结束，教练引导大家讨论。

分享及讨论：

1. 每个人都同意所有的意见吗？如果不是，为什么？
2. 谈谈责任心对我们人生的体会。

熊 来 了

目　的：活跃气氛，增强团体凝聚力。

准　备：无

操作程序：

把成员分成两组，排成两队。各组第1个人喊："熊来了。"然后第2个人问："是吗？"第1个人再对第2个人说："熊来了。"此时第2个人再告诉第 3 个人:"熊来了。"第 3 个人再反问第 2 个人:"是吗?"而第 2 个人也反问第 1 个人:"是吗?"前者再叫"熊来了。"第 2、3、4 个人再传下去。

如此每个人最初听到"熊来了。"时要反问"是吗?"然后再回向前头,第二次听到"熊来了。"时才传给别人,而前头的人不断地说"熊来了。"每组最后的人听到第 2 次的"熊来了。"时,全组队员齐声说:"不得了了!快逃!"然后全组人一起欢呼,最先欢呼的那一组便得胜。

分享及讨论:略

我的时间模式

目　　的:通过直观的活动方法,让成员认识自己的时间管理现状,明白珍惜时间的重要性。

准　　备:长 24 cm、宽 1 cm 的标有时间刻度的纸条若干。

操作程序:

1. 每人一张纸条,告知成员这代表的是一天中的 24 小时。

2. 让成员仔细想一下自己的一天是怎样度过的,如睡觉用了多少时间,把它撕去,早晚洗漱、吃饭、看电视、聊天等,所有活动分别用去多少时间,把它们一一撕去,最后剩下的是学习时间。

分享及讨论:

每个成员将自己剩下的学习时间一一比对,看与他人相比,思考:

①自己的学习时间是多还是少?

②是什么活动占用了自己最多的时间?

③自己的时间怎样安排才更加合理?

第四章　拓展游戏

> 在训练前，他们都将庄严承诺："我承诺，我会用心照顾好自己；我承诺，我会帮助同学发挥出最好的状态……"然后将右手伸向右边的同学说："我帮助你。"再将左手伸向左边的同学说："我需要你。"以此建立生命情感的联结。

镜 中 人

目　的：培养成员对他人的敏感性，相互沟通，相互接纳。

准　备：无

操作程序：

团体成员两人一组，一人自由做动作，另一个人模仿，两分钟后互换角色互相轮流模仿，不可以说话，用心体会对方用意。结束后互相交流，看看自己对他人的理解是否准确。然后仍然两人一组，一人说话，另一个人照原话重复叙述。两分钟后互换角色。结束后，两人交流思想，全身心投入地观察、理解他人。

有的人可能从来没有用自己的眼睛认真、投入地观察过别人，从而失去了最有效的了解他人的方式。

分享及讨论：

通过这个活动，你的情绪有什么变化？你有什么感受？

心理游戏 XinLi YouXi
游戏精选

袋鼠赛跑

目　　的：活跃团体气氛；促进团体合作。

准　　备：给每两个队员至少准备一个气球；两根绳子（标明起始线和终结线）；一处运动场。

操作程序：

1. 将两根绳子沿着运动场某一边缘平行放置，相距10米。

2. 让大家互相结对儿。

3. 给每对搭档发一个气球。

4. 让其中拿着气球的队员站在一条线上，他们的搭档站在运动场边缘的另一条线上。

5. 让带球的队员把气球放在膝盖之间，并且放好之后，手不能再碰气球。

6. 解释游戏如何开展。告诉带球的队员，听到你的信号后，像袋鼠一样跳跃通过运动场（保证气球夹在膝盖之间），到达运动场对面的终点线时，将气球传递给搭档，仍旧要求不能用手碰气球。交换气球后，搭档夹着气球跳回起始线。

7. 最先跳回起始线的那对搭档获胜。在此过程中，要求气球始终夹在膝盖之间。

变通：比赛结束后，给大家1~2分钟的设计时间，然后再重复一次游戏。允许搭档们商量谁第一个带球跳跃，以及讨论怎样才能提高速度。记下所有搭档所耗时间。

分享及讨论：

1. 是谁最先返回起始线的？

2. 什么因素加大了游戏难度？

3. 什么因素可使游戏更为简单？

蜘 蛛 网

目　　的：培养团体合作精神，增进沟通，体现协同工作在解决问题中的作用，把队员团结在一起，学会克服看似难以解决的问题。

准　　备：（每个小组）选取两棵结实的大树（用来支撑蜘蛛网）；尼龙绳或其他类似的绳子（用来编织蜘蛛网）；几根电线，甚至几小节绳子（用来把蜘蛛网固定在树上）亦可；蒙眼布（如果有人被蜘蛛咬着了，他的眼睛就会被蒙起来）；用来做警报器的小铃铛；用来制造气氛的大橡胶蜘蛛。

操作程序：

人数不限，人数较多时，需要将队员划分成若干个由8~12个人组成的小组。

助理需要为每个小组架设一个蜘蛛网，具体方法如下：

1. 用螺栓或绳子在2棵树上做8个固定点，每棵树上4个点，最低固定点距离地面约20 cm，同一棵树上的固定点间距为0.5 m。这样最高固定点距离地面约为1.7 m。

2. 固定点做好后，利用固定点来测量编织蜘蛛网边框所需的尼龙绳的长度。尼龙绳的长度=（两棵树的间距+最高固定点与最低固定点之间的距离）×2。

在编织边框之前，最好先在尼龙绳上打出绳结。绳结的做法是从尼龙绳的一端开始，每隔10~15 cm打一个结。打绳结的目的是阻止内部网线的任意滑动。

3. 编织蜘蛛网的边框。具体做法如下：从第一棵树（即树1）开始，把尼龙绳的一端系在树1的最低固定点上；用绳子由下至上穿过树1的其他三个固定点，到达最高固定点；把绳子从树1的最高固定点拉到树2的最高固定点；用绳子从上到下穿过树2的四个固定点，到达最低固定点；把绳子从树2的最低固定点拉回到树1的最低固定点；拉紧绳子，形成一个长方形，把绳子的剩余部分固定在树1的最低固定点上。

4. 编织蜘蛛网的内部。从边框的一个角落开始，模拟蜘蛛网的样子，编成一张网。注意：要在网上编出适量的足够大的网洞，以便游戏时队员们能够从中钻过去。

5. （可选）蜘蛛网编完之后，可以在网上放上一只大橡胶蜘蛛和一个小铃铛。大橡胶蜘蛛可以烘托气氛，小铃铛可以充当警报器，报告大家有人触网。

6. 致游戏开场白。开场白如下：

你们小组陷入一片原始森林之中。走出森林的唯一道路被一张巨大的蜘蛛网封锁了，你们必须从蜘蛛网中钻过去（不能绕过去，也不能从网的上面或下面过去）。值得庆幸的是，蜘蛛目前正在睡觉。但是非常不幸，蜘蛛很容易被惊醒。在穿越蜘蛛网的过程中，任何人一旦碰到蜘蛛网，不论轻重，蜘蛛都会立刻被惊醒，并扑过来咬人，造成正在穿越的人和已经穿过去的人立刻双目失明。另外，每个网洞只能用一次，即不同的人必须从不同的网洞穿越过去。

在多个小组参加游戏的情况下，让先做完游戏的小组做监护员，观察其他小组的游戏情况。等所有小组都做完游戏之后，引导队员们就团体合作、沟通、冲突和领导等问题展开讨论。

注意：不要让游戏者从网洞中跌落下去。

分享及讨论：

1. 你们在游戏过程中碰到了什么问题？
2. 碰到问题时，你们是怎样分析问题的？每个人的任务是什么？
3. 你们是如何克服困难的？
4. 哪些因素有助于成功地完成游戏？
5. 游戏过程中有无冲突产生？你们是如何处理冲突的？

6. 游戏过程中有无组织者产生？其他人是否属于被迫接受领导？他们对此感受如何？

7. 这个游戏揭示了什么道理？

8. 如何将这个游戏和我们的实际工作联系起来？

变　　通：1. 可以在游戏进行过程中变更游戏规则，加大游戏的难度。

2. 触网的后果也可以是立刻使游戏者变成哑巴。

3. 如果你发现某些人领导欲极强，已经完全控制了整个游戏，你需要改变这种局面，那么，你可以让蜘蛛咬他们一下。这样，他们就会失明或失声。这种失明或失声可以是暂时的（比如 5 分钟），也可以是永久的，即持续到游戏结束。这样就可以使其他人也有机会充当领导的角色。

4. 如果可能会多次使用这个游戏，那么我们建议你用 PVC 管子做一个支架，用来支撑蜘蛛网。在管子上打出固定点，拉好网线。这样每次做培训的时候，把它拿出来用就可以了。

5. 为了增加游戏的难度，你还可以要求每个小组带着满满的一桶水穿越蜘蛛网，这桶水可以被描述成解毒药水，用来在穿越成功后治疗那些被蜘蛛咬伤的人。

泰坦尼克号

目　　的：创新思维训练，应变能力的培养；团体合作精神的培养。

准　　备：木砖 24 块（每组 6 块），4 张椅子，2 条长绳（25 m）。

操作程序：

1. 组织者给大家讲下面一个故事："泰坦尼克号即将沉没，船上的乘客（学员）须在'泰坦尼克号'的音乐结束之前利用仅有的求生工具——六块木砖，逃离到一个小岛上。"

2. 组织者指导学员布置游戏场景：将 25 m 的长绳在空地上摆成一个

岛屿形状，在另一边，摆 4 张椅子，用另外一条绳子作为起点。

3. 给学员 5 分钟时间讨论和试验。

4. 出发时，每一个人必须从椅子的靠背上跨过（就如同从船上的船舷栏杆上跨过），踏上木砖。在逃离过程中，乘客身体的任何部分都不能与"海面"接触。

5. 自离开"泰坦尼克号"起，在整个的逃离过程中，每块木砖都要被踩住，否则组织者会将未被踩住的木砖踢掉。

6. 全部人到达小岛，并且所有木砖被拿到小岛上之后，游戏才算完成。

分享及讨论：

1. 你们组可以想出什么样的办法来达成目标？

2. 小组是否确定出组织者？是根据什么确定的？撤离方案的形成是组织者的决定还是小组讨论的结果？

3. 你们的方案是否坚决贯彻到底了？中间发生了什么变化？为什么？

4. 事后回顾当初的方案，你觉得该方案是否可行？你有更好的方案吗？为什么当时没有想到或没有提出来？

5. 小组是如何分配组员撤离的先后次序的？考虑到了什么因素？

总　　结：

1. 如何应付突如其来的紧急情况，反映了一个人头脑的清醒程度和他的应变能力；同时，如何利用有限的资源更大程度地达成我们的目的，也是观察一个人想象力和创造力的最好途径。

2. 在我们面临危险的时候，每个人都会有不同的想法，此时就需要出现一个组织者的角色，否则大家七嘴八舌，互相不服，最后只会使得整个集体都受到损失。如何选择这个组织者是一个很关键的问题，此人一定要能够服众，让大家都听他的。

潮起潮落

目　　的：增进团体信任；使队员们发扬团体精神协同工作；让队员们能够自然地进行身体接触和配合，消除害羞和忸怩感。

准　　备：无

操作程序：

1. 整个团体分两列纵队站立，两列队员要肩并肩站齐，彼此尽量靠近。如果队员总数是奇数，就让其中一名队员做你的助手。

2. 选队列前面一名队员作为"旅行者"，让队员们把这位"旅行者"举过头顶，沿他们排成的两列纵队，传送到队尾。这是一个能真正体现"人多力量大"的例子。"旅行者"到达队尾，后面几个队员举着他的身体下落时，应保证他的双脚安全着地。

安　　全：必要时多安排一些监护员，这完全取决于参加游戏的团体的组成状况。

变　　通：如果参加人数较少，让队列前面的队员传送"旅行者"后，立即移动到队尾。这样也能将"旅行者"转移到预定地点。

分享及讨论：

1. 你们对游戏的最初感觉是什么？
2. 游戏结束后感觉如何？
3. 当你被别人举着传送至队尾时，感觉如何？

摆造型

目　　的：使整个团体参与到一个互助的游戏中来。

准　　备：一块宽敞的草坪。

操作程序：

1. 选4位志愿者，保证他们中的每个人至少能做一个俯卧撑，而背部不出毛病。让那些不想参加游戏、不能做俯卧撑的人做监护员。

2. 4位志愿者做一次集体俯卧撑。为了完成动作，他们必须趴在地上，把双脚放在彼此背上，做俯卧撑。如果他们能按要求正确完成，地上就不会有脚，只有四双手。

3. 4位志愿者成功做完第一个俯卧撑后，其余队员便参与进来。每做完一个集体俯卧撑，增加一个新队员继续进行，并且所有成员都必须趴在地上从头开始。目的是使尽量多的队员参加完成一个超大的俯卧撑。

变　　通：整个团体尽力完成最大的俯卧撑后，保持该造型移动3米，再次增加难度。

分享及讨论：

1. 你们在游戏中遇到了什么问题？如何对问题进行拆分？每个人都做了什么？

2. 如何将这个游戏和我们的实际工作联系起来？

盲人足球赛

目　　的：建立小组成员间的相互信任；促进沟通与交流；培养团体合作精神。

准　　备：2个足球（要用含气量不足的足球，这样每踢一下，球不会滚得太远）；1个哨子；2种颜色的蒙眼布；1块比较大的游戏场地。

操作程序：

如果你能找到一个足球场来玩这个游戏，那就再好不过了。如果找不到足球场的话，那么用一些物体在地上标记出四个角、边线和球门，场地两端的边线代表球门。

1. 留出2~3个人做监护员。监护员的任务是负责安全问题，同时兼任边裁。把其他队员带到场地中间，把他们分成2个人数相同的小组。要求每个小组的总人数为偶数。

2. 每个队员在自己的小组内找一个搭档。

3. 根据蒙眼布的颜色给两个小组命名。如果你买的是黄色和绿色的蒙眼布，那么一个队称为黄队，另一个队称为绿队。把黄色的蒙眼布发给黄队，把绿色的蒙眼布发给绿队。确保每对搭档拿到一块蒙眼布。每对搭档中只有一个人戴蒙眼布，另一个人不戴。

4. 告诉大家："我们即将进行一场别开生面的足球赛。每对搭档中，只有被蒙上眼睛的队员才可以踢球，他的搭档负责告诉他向什么方向走、做什么。"

5. 详细解释游戏规则。要求那些被蒙上了眼睛的队员保持类似于汽车保险杠的姿势——弯曲双肘，手掌向外，手的高度与脸齐平。在发生意外碰撞时，这种姿势有助于避免或减轻对身体上半部的伤害。负责指挥的队员不允许碰自己的同伴，只能通过语言表达指令。这场球赛中没有守门员，每个队踢进对方球门一个球即可得一分。你作为培训专员，是这场比赛的裁判。任意一队进球后，都要把球拿回场地中间，重新开始比赛。不允许把球踢向空中，在任何时候，球都是在地面上滚动的。如果某个队员踢了高球，裁判会暂停比赛，并把该队员罚下场一段时间。如果球被踢出界了，裁判将负责将球滚回场地。除此之外，没有其他关于出界处理的规则。比赛一共进行10分钟，中场休息后交换场地。

6. 宣布完游戏规则之后，让两个小组用投掷硬币的方法选择场地。场地定好后，把两个球放在场地中间。然后吹哨，开始游戏。用两个球意味着比赛中每个队一个球，各自为多得分而奋斗。

安　　全：确保那些被蒙上了眼睛的队员保持类似于汽车保险杠的姿势；不允许把球踢向空中，因为这非常容易导致队员们受伤。

变　　通：在中场休息的时候，可以让每队搭档交换角色，即蒙上负责指挥的那个队员的眼睛，让原来被蒙着眼睛的队员指挥；在参加人数较多的情况下，可以考虑用 3~4 个球。

分享及讨论：

1. 哪个队取得了最终的胜利？
2. 哪些因素有助于最终取得胜利？
3. 被蒙上眼睛的队员感受如何？
4. 指令的清晰度如何？哪些方面还有待改进？
5. 这个游戏对我们的实际工作有何启发？

系在一起

目　　的：使小组充满活力；让大家动起来、笑起来；增强团体精神。

准　　备：无

操作程序：

1. 让队员们紧密地围成一圈。

2. 让大家都举起左手，右手指向圆心。等每个队员都摆好了这个姿势以后，让他们用自己的左手抓住同伴的右手。一旦抓住后就不许松开。

3. 要求大家在不松手的情况下，让自己从"链子"中解开。解开后仍要保证大家站成一个圆圈（面向哪个方向不限）。有时会出现这样的情况，大家都把自己解开了，但是却形成了几个小圆圈，而不是仍保持原来的大圆圈。如果你不希望这种情况发生，可以在完成步骤 2 之后做一个闭环测试。随意在圈中选出一个人，让他用自己的右手捏一下同伴的左手；左手被捏的人接着用自己的右手去捏下一个队友的左手。这样继续下去，直到"捏手信号"返回到第一个人的左手上。如果捏手信号传不回来，你就需要重新开始了。你可以根据实际情况，决定是否需要进行闭环测试。

安　　全：告诉队员们，当他们觉得被拉扯和扭曲得很难受的时候，可以暂时松开队友的手，但是必须尽快调整好姿势，重新抓住队友的手。如果队员们身体的柔韧性不好的话，可以适当降低要求，告诉他们在游戏的过程中只需要保持手的接触即可，不一定要紧握住队友的手。这样可以避免由于手不能自由转动而引起的各种扭曲。

分享及讨论：

1. 你们遇到了什么困难？是如何克服这些困难的？
2. 每个人的任务是什么？
3. 如何将这个游戏和我们的实际工作联系起来？

冒险游戏

目　　的：让所有成员都积极参与，共同迎接挑战；建立小组成员间的相互信任；让队员们能够自然地进行身体接触和配合，消除害羞和忸怩的心理。

准　　备：（每个小组）1根约6米长的绳子；选取两棵相距约5米，直径为150毫米左右的大树；装饰用的橡胶蜘蛛。

操作程序：

在选好的两棵大树之间拉一根绳子，绳子距地面1.5米左右。注意要把绳子拉紧。如果准备了橡胶蜘蛛的话，把它吊在绳子中间，用以烘托游戏气氛。

1. 致游戏开场白。开场白示例如下：

下面，我们要进行一场冒险，这里有一个魔窟，魔窟中遍布绊网。一旦有人不小心碰到了绊网，毒箭就会从四面八方射出来。请把系在两树之间的绳子想象成魔窟中的绊网，你们整个小组都要从绳子上面过去，而且绝对不能碰到绳子。如果有人碰到了绳子，整个小组都会被毒箭射死。重申一下，游戏成功的条件是从绳子上面过去，而且不能碰绳子。如果有人在游戏过程中碰到了绳子，整个小组都必须重新开始。祝你们好运！

2. 注意观察每个队员的举动，同时仔细倾听。如果不加以限制的话，队员们可能会尝试各种方法，完全忘掉安全问题。游戏小组最容易想出的办法是跳高法，即助跑后从绳子上跳过去，但是，本游戏不允许采用这种方法。不要生硬地禁止该方法，你可以这样说："由于有人不小心中了机关，现在地面变得非常粘，任何人都不可能跑动。"

分享及讨论：

1. 各个小组的"战况"如何？
2. 你们在游戏过程中碰到了什么问题？怎样分析这些问题？
3. 每个人的任务是什么？
4. 整个小组的运作是否有效？为什么？
5. 你们遇到了什么困难？如何克服这些困难？
6. 哪些因素有助于你成功地完成游戏？

寻宝游戏

目　　的： 在经过了一段时间的讲课后，组织者可以利用这类破冰游戏来调节课堂气氛，也可以借此游戏让学员体会一下团体合作的效果。

准　　备： 游戏中设置的宝藏物品。

操作程序：

1. 组织者让全体同学自由组合或组成几个五人小组，每组选出一位代表作为组长。

2. 组织者把寻宝游戏工作表分给各组的组长，让他们在五分钟之内集齐表中的所有物品，并展示在全班学员面前。

3. 组织者检查最快完成的小组是否收集到了所有的物品，若是，则给他们一些奖赏。

分享及讨论：

1. 回顾一下活动的过程，是否小组的全体成员都有参与？

2. 哪怕是这样的简单活动，做事之前是否有一个计划？

3. 大家是否能体会到以投资时间来争取时间的道理？

寻宝游戏表

你的小组要求收集以下的物品，其时间限制及评分标准由组织者来解释。

1. 纯白头发一根（注意：纯白！）——友谊天长地久。

2. 五角、一元纸钞各一张——财源滚滚到。

3. 护照一本——通往成功的大道畅通无阻。

4. 铜钥匙一把——开启幸福的大门。

5. 一张2寸的照片——见证成长的历程。

6. 红色袜子一只——新年好运气。

7. 唇印一对（要一男一女的哦）——爱情甜蜜蜜。

体验进化

目　的：鼓励学生尽力拼搏。

准　备：无

操作程序：

指导者："人类的出现本身就是适应环境的结果，同学们都知道达尔文的生物进化论，下面我们就来体会一下进化的乐趣。"

"我们把进化分为五个阶段：蛋，爬行动物，猴子，类人猿，人；用五种肢体姿态分别代表这五个阶段：蹲下，低头，双手抱住脚踝（表示蛋）；四肢着地（表示爬行动物）；弯腰，上臂可以在身体下方自由活动（表示猴子）；弯腰，上臂高举过头顶自由活动（表示类人猿）；最后，什么才是人，我就不说了。"

同学们忍不住笑了起来。同学们跟着指导者一一练习了一遍五个进化阶段的肢体姿态。

"接下来，我们就要进行优胜劣汰的进化了，同类之间必须通过猜拳竞争，胜者进入进化的后一阶段，败者退化到前一阶段（如果是"蛋"则不再退化）。然后再找同类猜拳竞争，直到成功进化到人为止。"

游戏开始了，场上顿时像开了锅似的，有的同学很顺利，很快进化到了人，可大部分同学经历了波折的进化过程，经常是好不容易进化到类人猿却又连连失利，最后退化回蛋，一切重新开始，如此这般反反复复，争来争去，最后剩下了四位同学，分别代表蛋、爬行动物、猴子和类人猿，没有竞争也就不能进化了，他们沮丧地站在场地中央，被进化成人样的人"嘲笑"。"不幸"的四位同学还被要求表演了节目。

分享及讨论：
1. 活动中你有什么感受？
2. 进化成功的同学往往是积极争取的。
3. 要适应陌生环境，好好生存，坚持到底很重要。

心理游戏 XinLi YouXi
游戏精选

信任后倒

目　　的： 帮助学员体会信任的建立。信任取决于自己对团体成员的信心，相互之间的沟通是树立这种信心的基础，一旦信任完全建立，你会感觉到团体的工作气氛是那么轻松愉快。

准　　备： 无

操作程序：

1. 组织者让每组成员围成一个向心圆，自己站在圆中央进行示范。

2. 组织者双手绕在胸前，作出以下沟通对话。

组织者："我叫……（自己的名字），我准备好了，你们准备好了没有？"

全体学员回答："准备好了！"

组织者："我倒了？"

全体学员回答："倒吧！"

3. 组织者的整个身体完全倒在团体成员的手中，这时团体成员把组织者顺时针推动两圈。

4. 在组织者做完示范之后，小组的每位成员都要来试一试。

分享及讨论：

1. 影响你信任的绊脚石是什么？
2. 信任是团队得以运行的基石，为什么？
3. 谈谈突破心理障碍瞬间的感受和挑战自我的意义。

新型时装秀

目　　的： 促进成员间的多人合作概念；感受个人在团体合作中发挥的作用。

准　　备： 报纸（大量），剪刀（每队一把），透明胶（每队一卷）。

操作程序：

1. 每组出五人，并进行工作分工：三名设计师，一名模特，一名裁判。

2. 设计师们在规定的时间内以报纸为材料，设计并制作全套的服装。

3. 裁判对每个小组的完成情况做评判。以评分的高低和观众掌声的热烈程度作为决定胜负的依据。

4. 时装评判的标准：新颖性、观赏性、可行性、搞笑性。

分享及讨论：

1. 通过时装秀的制作与展示，培养个体的自信与团队的合作。

2. 打破思维定式，发挥想象力与创造力，追求美、创造美。

3. 在交流中展示自己、欣赏他人。

高空飞蛋

目　　的：体现小组成员的创造力及团体精神。

准　　备：鸡蛋若干。

操作程序：

1. 组织者把鸡蛋发给每组，而后让学员们在25分钟之后到指定的地点把鸡蛋从三层楼高的地方放下来，为了使鸡蛋不会掉破，可以用其他材料来制作保护伞。

2. 25分钟之后，每组留一位学员在三层楼高的地方放鸡蛋，其他学员可以在楼下空地上观看及检查落下的鸡蛋是否完好。

3. 鸡蛋完好的小组是优胜组，可以进入决赛。胜出者，组织者可以给其一些小礼物作为奖励。

分享及讨论：

1. 你们组的创意是怎么得来的？

2. 在小组合作过程中，大家的协调程度如何？

建房子

目　　的：锻炼团体中的领导能力，增强队员之间的沟通能力，以便能和谐完成任务。

准　　备：20米、18米、12米的绳子，眼罩若干。

操作程序：

　　1. 组织者把15人分为3个小组，给每个小组分发绳子。小组1：20米的绳子；小组2：18米的绳子；小组3：12米的绳子。

　　2. 组织者发给每人一个眼罩，并通知他们戴上眼罩后的任务。小组1：建一个三角形△；小组2：建一个正方形□；小组3：建一个圆形〇。（第一阶段）

　　3. 组织者告诉了3个小组的全体人员，要他们统一起来建一个绳房子。（第二阶段）

分享及讨论：

1. 对比第一阶段及第二阶段，哪一个阶段更加混乱？为什么？
2. 如果作为领导，你会怎样组织第二阶段以尽快、更好地完成任务？

孤岛求助

目　　的：使整个团体参与到解决问题的游戏中来；让整个小组协同工作，实现共同目标；培养团体精神。

准　　备：可以制作简易风筝的材料。

操作程序：

　　1. 将队员分成若干个由5～6人组成的小组后，给各组分配任务。

　　2. 各组利用自己找到的材料制作一个风筝。

　　3. 要求30分钟之内完成任务，风筝做好之后经测试，能够飞起来。

　　4. 组织者念开场白。开场白示例如下："遭遇海难后，你们组漂流到一个荒凉的孤岛上，被困多天，每个人都渴望逃离孤岛。忽然，有人发现遥远的地平线上有一条小船，好像船上的人正在向这边看，但是他不可能看到你们被困在小岛。你们没有火柴或其他能发信号的对象，因此只能想方设法制作一个风筝。估计风筝 30 分钟之内能够做好。只有通过放飞风筝才能让船上的人发现你们。船体残骸里已经没有什么东西了，所以你们必须找到制作简易风筝的材料，30 分钟之后让风筝飞上天。抓紧时间，祝你们好运！

变　　通：根据队员们的技能水平和场地周围材料的分布情况，适当给他们提供一些道具，这样各组之间能够展开竞赛。

分享及讨论：

1. 哪个队在 30 分钟之内让风筝飞上了天？

2. 游戏过程中，你们遇到了什么问题？如何对问题进行拆分？每个人都做了什么？

3. 游戏过程中，队员们都充当了什么角色？

4. 你们必须在规定的时间内完成任务，对此有何认识？

5. 整个团体运作有效吗？为什么？

6. 怎样做才能使游戏开展得更好？

捆绑行动

目　　的：使队员们参与到一个具有创新精神的团体中来；让队员们从队友身上学到东西；让队员们能够自然地进行身体接触和配合，消除害羞和忸怩感。

准　　备：一根 30 米长的绳子（能够把整个小组捆五圈）；一条小路，约 100 米长（取决于障碍物设置的困难程度）。

操作程序：

1. 选定路线。事先把彩色飘带绑在树干或较低的树枝上，标出路线。如果团体能够沿路克服一些障碍，比如一棵倒下的大树，或者楼梯中的一段台阶，游戏将更有乐趣。

2. 所有人都站好，靠近，整个团体挤作一团。

3. 把绳子绕所有人捆五圈后扎紧，以不妨碍他们运动和呼吸为宜。

4. 整个团体沿着指定的小路前进。

5. 他们沿着小路前进时，每个人都要展示自己独特的，或引以为豪的才能或经历。同时告诉大家，当他们到达终点时，你将随意挑选队员转述别人讲过的话。这样他们就能更加注意去倾听别人。

安　　全：密切注视每一个人，保证他们不被绊倒。如果一人不慎摔倒，整个团体就有可能倒下，紧束的绳子有可能伤及他们。

变　　通：如果事先没有时间标出路线，你可以口头告诉他们，或者你在前面带路，让他们跟上。如果确实想给团体一些挑战，你可以蒙住他们的眼睛开展游戏，同时多安排几个监护员。

分享及讨论：

1. 游戏结束后，你发现别人有什么才能？而这些才能以前你并不知道。
2. 对于团体创新，你有何认识？

地 雷 阵

目　　的：使学员在活动中建立信任，及加强对伙伴的信任感。

准　　备：界限绳一条，障碍物若干。

操作程序：

用绳子在一块空地圈出一定范围，撒满各式玩具（如娃娃、球等）作为障碍物。学员两人一组，一人指挥，另一人蒙住眼睛，听着同伴的指挥通过地雷阵，过程中只要踩到任何东西就要重新开始。指挥者只能在线外，不能进入地雷阵中，也不能用手扶伙伴。

注　　意：不可用尖锐或坚硬物作为障碍物；不可在湿滑地面上进行；需注意两位蒙眼者是否对撞。

分享及讨论：

1. 请问各位在通过地雷阵的时候有什么感觉？
2. 平时你在跟其他人互动时是否会有上述感觉？
3. 若再有一次机会，我们还可以加强些什么？

穿越大峡谷

目　　的： 信任是合作的基础，而团结是合作的表现。团队成员之间的相互信任，可以支撑整个团队活动的顺利进行。而当面临挑战时，全体成员应共同承担，同心协力。通过这个活动更能让学员进一步明确自己对整个团队的责任，让学员明白整体是缺一不可的。

准　　备： 透明胶（标记起点、终点线）

操作程序：

　　1. 介绍游戏规则：整个团队分两列纵队蹲下，两列队员要肩并肩、膝盖顶膝盖蹲好，彼此尽量靠近。每组要以最快速度把一位组员送至指定地点。期间要保证大家的安全，如果"行人"双脚落地，则返回起点重来。

　　2. 给组员五分钟商量，如何合力将一名学员（即"行人"）送至指定地点（根据场地等实际情况再确定需不需要往返运送）。如果队员总数是奇数，让其中一名队员做"行人"，教练注意学员安全。如果是偶数，则助教也参与其中，再让其中一名队员做"行人"，领导者和助教注意学员安全。

　　3. 号令一下，每组在5分钟的时间里讨论怎么完成任务。

　　4. 组长再令下，比赛开始。

　　5. 哪队快且没有犯规则获胜。

分享及讨论： 略

心理游戏 XinLi YouXi 游戏精选

糖衣炮弹

目　　的：让两个小组展开竞争；增强团体精神。

准　　备：两种颜色的果汁软糖，每个队员5块颜色相同的果汁软糖；两种颜色的头巾，每个队员一条头巾，头巾的颜色要与队员手中的果汁软糖的颜色相同；哨子；一块游戏场地。

操作程序：

1. 在游戏开始前，选择一块比较大的游戏场地作为"战场"，两个小组将在这个战场中展开战斗。理想的情况下，战场中最好有比较多的能够隐蔽的地方。你可以通过在树上绑上彩带来标记战场的边界。

2. 选出几个队员做监护员，把剩下的队员分成两组。两个小组不但要求人数相同，而且在运动能力和身体灵活性方面也要大体上水平相当。

3. 根据果汁软糖的颜色给两个小组命名。如果你买的是白色和红色的果汁软糖，那么把一个队称为白队，另一个队称为红队。把白色的头巾发给白队，把红色的头巾发给红队。给白队的每个队员发5颗白色的果汁软糖；给红队的每个队员发5颗红色的果汁软糖。

4. 告诉所有队员边界的位置。同时告诉他们在游戏中，两个小组将各占据边界的一端，游戏开始后，两个小组都要快速向对方阵地前进，抢先到达对方阵地的小组获胜。（注意：这里的"到达"指的是整个小组全部到达对方阵地。）

5. 宣布游戏规则。听到吹哨后各小组才可以开始前进。在前进的过程中，可以用手中的果汁软糖向对手"射击"。被对手击中的人至少静止30秒后方可移动。被击中3次的队员必须返回起点，重新开始。不允许用果汁软糖"射击"对手的头部或脖子。每个小组都可以反复使用落在地上的果汁软糖，但是必须与自己小组颜色相同。一旦某个小组成员到达了对方的阵地，他就彻底安全了，不会再受到软糖的威胁。

6. 游戏规则讲解清楚之后，让两个小组各占据边界的一端，给他们5分钟的时间做战略战术部署，然后吹哨，开始游戏。

7. 在游戏结束后，引导大家就游戏过程展开讨论。其间，可以把剩余的果汁软糖发给大家吃。

安　　全：让监护员从安全的角度留意每名参赛队员，因为"战场"中会有很多容易把人绊倒的东西。监护员还要注意发现和制止"恶意"射击。所谓"恶意"射击，是指射击高度在肩膀以上的那些射击。进行"恶意"射击的人一旦被发现，将立刻被遣返回原地，重新开始前进。监护员还需要记录每个队员被击中的次数，被击中3次的队员必须退回到自己小组的起点，重新开始。

分享及讨论：

1. 你们在游戏过程中碰到了什么问题？怎样分析问题？每个人都做了什么？
2. 每个人都充当了什么角色？
3. 游戏过程中有无组织者产生？
4. 如何将这个游戏和我们的实际工作联系起来？

联体足球

目　　的：使搭档之间以及团体各个成员之间协同工作；活跃团体气氛；让队员们能够自然地进行身体接触和配合，消除害羞和忸怩感。

准　　备：每对搭档一段绳子或类似物件（用来绑两人的脚踝）；两段绳子或类似物件（用来捆绑一对搭档的腰）；一个运动场（足球场或类似的场地）；一个足球（或类似物件）；一个口哨。

操作程序：

1. 把整个团体分为人数相等的两组。如果总人数是奇数，就让其中一人做组织者的助手。

2. 让队员们选择和自己身材相当的人，组内结对。

3. 让搭档们把各自的脚踝绑在一起。

4. 每组选一对搭档，背靠背站立，并把他们的腰捆在一起，作为各队的守门员。

5. 解释规则。两队开展足球比赛，分上下半场，每个半场15分钟，半场结束后两队交换场地。比赛中，队员们必须一直绑着脚踝，用三条腿踢球，按足球规则进行比赛（如果你不清楚，可以问队友或自己制订规则）。

6. 对队员的疑问给以充分地解答，然后吹口哨，游戏开始。

安　　全：让不想参加游戏的人做边线裁判。游戏开始之前，鼓励队员们捆绑脚踝后，练习跑动。

变　　通：下半场比赛时，把三个队员的腿踝捆绑在一起。可以让搭档中的一人戴上眼罩。

分享及讨论：

1. 哪个队赢得了比赛？
2. 游戏中，你们遇到了什么问题？
3. 搭档们是如何协调工作的？
4. 什么因素有助于团体更加有效地运作？

人工机器

目　　的：驱除午饭后或早起后的困倦，使大家活跃起来；培养集体观念。

准　　备：无

操作程序：

1. 把队员们划分为若干个由 8～12 个人组成的小组。

2. 给每个小组 5 分钟的时间设计出一台人工机器，小组中的每个队员都是机器的一个组成部分，各个组成部分相互关联，一个组成部分的活动会引发其他组成部分的相关活动。

3. 5 分钟后，让各个小组依次展示自己设计的人工机器。

4. 全体队员一起选出最佳设计。

5. 你可以事先在纸上写出需要设计的机器的名称，比如香肠加工机、大钟、自行车、计算器、打字机、咖啡过滤器、混凝土加工机等，让不同的小组按纸上规定的名称设计机器。在机器展示的过程中，让其他小组猜出各个机器的名称。

变　　通：每个小组展示完自己的人工机器后，让大家把所有的人工机器连接起来，形成一个大型人工机器。在设计机器的过程中禁止说话。

分享及讨论：

1. 你是怎么分析获胜队的获胜原因的？

2. 在你的小组里是否有人显得比其他人更出色？

3. 有人领导你的小组吗？是谁？为什么他能领导？

盲人信任行

目　　的：通过亲身体验，让学员体会信任与被信任的感觉。

准　　备：无

操作程序：

　　两人一组（如 A 与 B）A 先闭上眼睛，将手交给 B，B 可以虚构任何地形或路线，口述注意事项并指引 A 行进。如："向前走……迈台阶……

跨过一道小沟……向左转……"。然后两人交换角色，B闭眼，A指引B走路。

被牵引的一方应全身心信赖对方，大胆遵照对方的指引行事。

而牵引者应对伙伴的安全负全部的责任，对一举一动的指令均应保证准确、清楚。

万一指令有错，信任受到怀疑后，将很难重建。

分享及讨论： 略

心理游戏 XinLi YouXi 游戏精选

贪得无厌

目　　的： 活跃团体气氛；在团体内部展开组内竞赛。

准　　备： 一个圆环（或其他类似的东西）；给每个队员准备一条头巾或一个臂章（两组数目相同、颜色不同的头巾或臂章）；一个秒表；一个宽敞的运动场。

操作程序：

1. 把整个团体分成两个人数相同的小组，如果总人数是奇数，可以让一个人做指导者的助手。

2. 给每组发一条头巾或一个臂章。

3. 告诉大家运动场的边界。

4. 告诉队员们，哪个组总的控环时间先达到30秒，便可获胜。你把圆环抛向空中，游戏便开始了。第一个抓住圆环的队员享有控环权，如果他被紧跟其后的对手抓到，必须立即停止前进，一秒钟之内把圆环传给自己的队友。如果一秒钟后他还未把环传出去，裁判（也就是指导者）就把圆环拿走。游戏重新开始。如果两个对手都抓到了圆环，裁判也需要重新向空中抛环，开始游戏。当一个组的控环时间接近30秒时，裁判大声数数："5, 4, 3, 2, 1。"让另一组明白他们需要快速跑动以控制圆环。

如果队员要求采用其他规则（可行的话），组织者也可以随意安排。

安　　全：圆环或类似的东西不能太硬，它击中人时不应造成太大的伤害。可以用网球或其他冲击力低的小球代替。

变　　通：根据运动场的大小，变换30秒的控球时间；如果没有头巾或臂章，可以采用其他方式区别两个组。比如队员们的衬衣颜色、头发的长短或者衣袖是卷上去的还是放下来的。

分享及讨论：

1.游戏过程中，各组是如何努力获胜的？

2.游戏过程中，每个人的任务是什么？谁是实干家？谁想办法、出主意？谁当护理工？

药　炸

目　　的：培养整体观念。

准　　备：（每个小组）一个气球。

操作程序：

1.让队员们每3人组成一个小组。

2.给每组发一个气球，让大家把自己的气球吹起来。（注意：不要把气球吹到轻轻一压就会爆的程度，让气球内的空气量达到其最大容量的75%即可。）

3.让每个小组都面对面围成一个紧密的圆圈。

4.让每个小组都把气球放到圆圈的中间，气球的高度与腰齐平。

5.让队员们向圆心的方向走，直到3个人能够用腹部夹住气球。然后，大家都要把手从气球上拿开。（注意：不能让气球落地。）

6.告诉队员们他们的任务是走3步，并挤爆气球。第一个挤爆气球的小组将会获得特别奖励。

7. 如果有些小组始终不能挤爆气球，就让那些成功完成任务的小组过去帮助他们一下。

分享及讨论：

1. 看到别组纷纷完成任务，而自己这组不能挤爆气球，你的情绪怎样？
2. 获得帮助后，你有什么感受？

云　梯

目　　的：建立小组成员间的相互信任。

准　　备：10～12根硬木棒儿或水管，要求每根长约1米，直径约为32毫米。

操作程序：

1. 让每个队员找一个搭档。在总的参加人数为单数的情况下，让余下的那个人第一个爬云梯；如果参加人数为复数，那么随意叫出一对搭档，让其中一个人爬云梯，另一个人做监护员。

2. 给每对搭档发一根木棒儿（或水管）。让每对搭档面对面站好，所有搭档肩并肩排成两行。

3. 每对搭档握住木棒儿，木棒儿与地面平行，其高度介于肩膀和腰部之间，这样整个形成了一个类似水平摆放的木梯的形状。每根梯线的高度可以略有不同，以形成一定的起伏。

4. 把选好的爬梯者带到云梯的一端，让他从这里开始爬到云梯的另一端。在只有四五对搭档参加游戏的情况下，可以让前端的搭档等爬梯者通过后，迅速跑到末端站好，这种方法可以帮助随意延长云梯。

安　　全：要确保木棒儿或水管表面光滑，以避免划伤或扎伤爬梯者。确保每个人都能牢牢抓住木棒儿，千万不能在队友经过的时候失手。这是一个用来建立信任的游戏，如果有人不慎失手的话，丧失的信任感将很难恢复。另外，不允许将木棒儿举到比肩膀还高的位置上。

变　　通：可以调整队形，形成一个弧形的梯子；可以把爬梯者的眼睛蒙起来——但是不要蒙住做"梯子"的队员的眼睛。

分享及讨论：

1. 每个人爬梯之前感受如何？
2. 你在云梯上的时候是什么感觉？
3. 你在爬梯之后有何感受？
4. 做"梯子"的时候你有何感受？

智　者

目　　的：展示以小组为单位解决问题的好处，展示集体智慧的力量；娱乐；可以作为课外思考题。

准　　备：两顶红帽子，分别装在两个不透明的厚纸袋子里；两顶蓝帽子，分别装在两个不透明的厚纸袋子里（把四顶帽子分别放入4个纸袋子里，注意放的过程不要让大家看见。在袋子上做好标记，以保证在发帽子时，给1号智者一顶红帽子，2号智者一顶蓝帽子，3号智者一顶红帽子，4号智者一顶蓝帽子）；一堵砖墙或是一棵大树（用来把一名智者和其他三名智者隔开）。

操作程序：

1. 告诉队员他们需要一起来解决一道难题。

2. 邀请4名志愿者充当智者。给每名志愿者一个装有帽子的纸袋子，告诉他们得到命令之后才能打开纸袋子，不得擅自开启。

3. 让4名志愿者排队站好。1号智者站在砖墙或大树的后面，将被戴上一顶红帽子；2号战智者在砖墙或大树的前面，将被戴上一顶蓝帽子；3号智者站在2号智者的后面，将被戴上一顶红帽子；4号智者站在3号智者的后面，将被戴上一顶蓝帽子。四名志愿者站好后，告诉他们在任何情况下都不许走动、回头和说话。

4. 让其他队员每四个人组成一个小组，并告诉他们保持沉默、仔细听。

5. 所有小组组建完毕、就位之后，组织者给站好的4个智者念游戏开场白，开场白如下：

请你们把自己想象成智者集中营里的智者。集中营的司令让你们四个人站成一排，并给每人一顶帽子。他不许你们回头和说话。现在，请你们闭上眼睛，把帽子从袋子里拿出来，戴在头上。在这个过程中，任何人都不许看自己的帽子。司令让你们猜测自己所戴帽子的颜色。如果你们4个人中有人能说对自己所戴帽子的颜色，你们4个人都会得到奖励。但是，如果第一个答案是错误的，你们都会被惩罚。显然，第一个答案将决定你们的命运。一个重要的已知条件是4顶帽子中有两顶是红色的，两顶是蓝色的。别忘了，不可以说话、走动和回头。

6. 有必要的话，重述一遍游戏开场白，以确保4个人都明确了问题和游戏规则。然后，对他们说："从现在开始，你们说出的第一句话将会决定你们的命运。祝你们好运！"

7. 把其他小组带到这4个人听力所及的范围之外，问他们哪个智者可能猜出自己帽子的颜色？为什么？

8. 游戏小组找到答案之后，组织者引导队员就解决问题、团体合作和沟通等方面展开讨论。

变　　通：可以让多个小组同时做这个游戏，每个小组都遵循上面的步骤，这样来做需要较长的游戏时间和更多的帽子。这个游戏也可以作为课外作业，让学员们自己去思考。

只有3号智者可以猜出自己所戴帽子的颜色。因为他可以看到自己前面的人（也就是2号智者）戴着蓝帽子。他可以据此这样推理：如果他自己也戴着一顶蓝帽子的话，4号智者就会看到两顶蓝帽子，那么4号智者就可以知道自己戴的是红帽子；但是4号智者没有说话，这说明4号智者一定是看到了一顶蓝帽子和一顶红帽子，而自己已经看到了一顶蓝帽子，那么自己的帽子一定是红色的。

分享及讨论：

1. 你们在游戏过程中碰到了什么问题？怎样分析问题答案？每个人都做了什么？

2. 这个游戏揭示了什么道理？

3. 如何将这个游戏和我们的实际工作联系起来？

传递橡皮筋

目　　的：借由活动来增进人际互动，让学员体验团体合作的重要性，并提升学员的参与度与专注力。

准　　备：吸管，橡皮筋。

操作程序：

1. 将全班同学分成人数一样的3组队伍，每人发一根吸管，三支队伍中的第一位同学同时发一条橡皮筋。

2. 说明活动规则：三组同学进行对抗，口含吸管（注意不可以用手）将橡皮筋从第一位同学传到最后一位，最快的队伍获胜。若橡皮筋掉到地上，则必须从第一位同学重新开始。

3. 在活动开始前，先给予一分钟的时间让小组讨论策略或方法。

4. 当最快传完的小组产生后，即可终止活动；或是规定一定的时间，看哪一组进行得最快，由此来决定胜负。

5. 活动结束后宣布获胜的队伍，并说明活动的目的及使用时机。

分享及讨论：

1. 你们在游戏过程中碰到了什么问题？怎样分析问题？每个人都做了什么？

2. 这个游戏揭示了什么道理？

3. 如何将这个游戏和我们的实际工作联系起来？

心理游戏 XinLi YouXi 游戏精选

同心协力

目　　的：激励团体士气；活跃课堂气氛，帮助学员放松神经，增强学习效果。

准　　备：无

操作程序：

　　1. 将学员分成几个小组，每组在5人以上为佳。

　　2. 每组先派出两名学员，背靠背坐在地上。

　　3. 两人双臂相互交叉，合力使双方一同站起。

　　4. 以此类推，每组每次增加一人，如果尝试失败需再来一次，直到成功才可再加一人。

　　5. 培训者在旁观看，选出人数最多且用时最少的一组为优胜。

分享及讨论：

1. 你能仅靠一个人的力量就完成起立的动作吗？

2. 如果参加游戏的队员能够保持动作协调一致，这个任务是不是更容易完成？为什么？

3. 你们是否想过一些办法来保证队员之间动作协调一致？

迷失丛林

目　的：通过具体活动来说明，团体的智慧高于个人智慧。只要学会运用团体工作方法，就可以达到更好的效果。

准　备：无

操作程序：

1. 组织者把"迷失丛林"工作表发给每一位学员，然后讲下面一段故事：

你是一名飞行员，但你驾驶的飞机在飞越非洲丛林上空时突然失事，这时你和飞机上的其他人必须跳伞。与你们一起落在非洲丛林中的有14样物品，这时你们必须为生存作出一些决定。

2. 在14样物品中，先以个人形式把14样物品按重要顺序排列出来，把答案写在工作表的第一栏。

3. 当大家都完成之后，组织者把全班学员分为5人一组，让他们开始进行讨论，以小组形式把14样物品按重要顺序重新排列，再把答案写在工作表的第二栏，讨论时间为20分钟。

分享及讨论：

1. 你对团体工作方法是否有更进一步的认识？
2. 你的小组是否有出现意见垄断的现象？为什么？
3. 你所在的小组是以什么方式达成共识的？

平结绳圈

目　的：活跃团体氛围，帮助学员增加学习兴趣，提高学员之间的模仿能力，进而增进团体的团结凝聚力和向心力，从团体的角度挖掘内涵，提高学员的创造力。

准　　备：准备长短不一的绳子若干条。（依人数而定）

操作程序：

1. 训练师将平结的打法教会学员（平结是一种绳子的活结打法，节点可以任意伸缩）。

2. 学员将平结打好后成一绳圈，放在地上，然后学员将脚放在绳圈之内。

3. 训练师提醒学员："你们的脚在绳圈之内了吗？确认安全了吗？"

4. 学员确认之后，训练师说："开始换位"，学员全部离开自己的绳圈并到其他的绳圈之内；三次之后，开始逐渐减少绳圈的数量，每次减少一个，并经常提醒学员："你们的脚在绳圈之内了吗？确认安全了吗？"要求就是所有学员不得在绳圈之外（可能是几个人同时挤在同一个绳圈里）。

5. 到最后只剩下一个绳圈的时候，所有人都站在一个绳圈里，不断缩小圆圈，直到所有人都紧紧挤在一起，游戏第一阶段结束。

6. 游戏第二阶段：训练师不断地将绳圈缩小至极限范围，并不断询问所有人有没有信心挑战极限。学员不断地会进行挑战，当到达极限的时候，往往会出现一些意想不到的结果。比如，有人会提出："我们有没有办法寻找到新的思路来挑战极限。"记住，组织者要注意掌控学员的场上气氛，及时加以引导。在学员没有办法解决问题的时候，组织者视情况将解决方法公布——所有学员可以坐在地上，将脚放在绳圈内，就符合游戏的要求，即脚在绳圈之内。

分享及讨论：

该游戏可以分为两个阶段：第一阶段可以从团体的角度挖掘游戏的内涵；第二阶段可以从创新的角度挖掘游戏的内涵。组织者应注意把握分寸，否则会起不到游戏的效果。

心理游戏 游戏精选

挑水接力

目　　的：体会互相合作、团队合作的重要性；锻炼团体协作能力与协调能力；增进友情，活跃气氛。

准　　备：小桥1座（预先安装）；扁担4根；挑水小塑料桶8个；大塑料桶9个（其中4个空桶放终点，4个装满水的放起点，1个装满水的在起点处备用）；中塑料桶1个（加水备用）；秒表1个；锣1面；红绸4根（每根长5米）。

操作程序：

1. 队员：每队男女各2人，共计4人。

2. 比赛流程：

（1）预备：扁担一根放置于第一位队员身旁；两位协作队员各提起一桶水（此时不能挂上扁担）；一位协作队员拿一根红绸做准备；

（2）裁判宣布"开始"，各队拿红绸的协作队员迅速将红绸绕在第一位队员的腰上并扎紧后（要求挑水队员原地转若干圈将红绸绕到尽头后扎紧），拿起扁担挑起水出发；

（3）过桥；

（4）到达终点，将水倒入本队的水桶中后，按原方式原路返回（返回时可以不上桥，但需挑起水桶）；

（5）返回起点，解开捆在腰上的红绸后，交下一位队员继续，直至第四位队员完成后返回起点，算完成一轮；

（6）最后十秒，裁判开始读秒：十、九、八……一、停（鸣锣）！

3. 规则：

（1）时间为10分钟，以运送水的多少决出名次；

（2）队员顺序为：第一位队员男性，第二位队员女性，第三位队员男性，第四位队员女性，如第一轮完成后仍有时间，须按第一轮的男女顺序继续接力，直至10分钟时间结束，裁判鸣锣收兵；

（3）打水及捆绑可以由协作队员进行，但协作队员必须是本队队员，非队员不能提供任何协助；

（4）队员过桥时不许掉下，否则需从桥头重新上桥；

（5）若中途倒地，可以爬起后继续；若倒地后水已倒掉，可以返回起点盛水后重来。

4. 奖励：奖励第一名，其他队获鼓励奖。

分享及讨论：

1. 在这个游戏中，你感觉队友的鼓励对你的帮助大吗？
2. 在这个游戏中，你感触最深的是什么？

参考文献

[1] 蔡秀玲. 杨智馨. 情绪管理 [M]. 合肥：安徽人民出版社,2001.

[2] 崔华芳. 挫折教育：让孩子在逆境中成长 [M]. 北京：中国时代经济出版社,2003.

[3] 段鑫星. 赵玲. 大学生心理健康教育 [M]. 北京：科学出版社,2005.

[4] 樊富珉. 郑洪利. 大学生心理素质训练教程 [M]. 上海. 上海交通大学出版社,2005.

[5] 樊富珉. 团体咨询的理论与实践 [M]. 北京：清华大学出版社,1996.

[6] 高希庚. 孙颖. 大学生心理健康的理论与实践 [M]. 天津：天津大学出版社,2004.

[7] 郭薇. 心理危机干预概论 [M]. 成都：四川科学技术出版社,2007.

[8] 郭召良. 心理咨询的八大谎言 [J]. 健康博览.2006(11):45

[9] 贺淑曼. 大学生心理优化辅导 [M]. 北京：高等教育出版社,2005.

[10] 胡凯. 大学生心理健康概论 [M]. 长沙：中南大学出版社,2004.

[11] 黄希庭. 心理学导论 [M]. 北京：人民教育出版社,1991.

[12] 黄辛隐，戴克明，陶新华. 校园心理剧研究 [M]. 苏州：苏州大学出版社,2003.

[13] 吉红. 王志峰. 大学生心理健康与调适 [M]. 北京：中央编译出版社,2006.

[14] 江光荣. 心理咨询中的价值干预 [J]. 心理学动态.2001.9（3）:248-252

[15] 乐国安. 咨询心理学 [M]. 天津：南开大学出版社,2002.

[16] 林孟平著. 辅导与心理治疗. 上海：商务印书馆,1993.

[17] 刘勇著. 团体心理辅导与训练 [M]. 广州：中山大学出版社,2007.

[18] 孟慧．职业心理学 [M]．北京．中国轻工业出版社,2009.

[19] 冉超凤．黄天贵．高职大学生心理健康与成长 [M]．北京：科学出版社,2005.

[20] 石红．心理剧与心理情景剧实务手册 [M]．北京：北京师范大学出版社,2006.

[21] 舒曼．塑造阳光心态 [M]．江西：江西人民出版社,2005.

[22] 孙科炎．自助力：激发无限潜能 [M]．北京：中国铁道出版社,2014.

[23] 陶国富．王祥兴．大学生社会心理[M]．上海：华东理工大学出版社,2005.

[24] 王建平．梁耀坚．变态心理学 [M]．北京：高等教育出版社,2005.

[25] 王群．大学生心理健康教育 [M]．上海：复旦大学出版社,2005.

[26] 吴彦宁．大学生职业发展与就业指导 [M]．北京：科学出版社,2015.

[27] 武汉大学危机干预方案．武汉大学心理危机干预领导小组,2004.

[28] 夏欣欣．调节心态的智慧 [M]．上海．上海古籍出版社,2004.

[29] 肖永春．齐亚丽．成功心理素质训练 [M]．上海：复旦大学出版社,2005.

[30] 许又新．心理治疗基础 [M]．贵阳：贵州教育出版社,1999.

[31] 李焰等．精研互鉴，育心育人 [M]．沈阳：东北大学出版社,2021.

[32] 张大均．吴明霞．刘衍玲．大学生心理健康教育 [M]．北京：科学出版社,2010

[33] 张鹤．和焦虑保持距离 [M]．北京：经济管理出版社,2004.

[34] 张小乔．心理咨询的理论与操作[M]．北京：中国人民大学出版社,1998.

[35] 张旭东．车文博．挫折应对与大学生心理健康 [M]．北京：科学出版社,2005.

[36] 郑日昌．大学生心理咨询 [M]．济南：山东教育出版社,1999.

[37] 中国心理卫生协会．心理咨询师 [M] 北京：民族出版社.2001.

[38] 中国心理学会．中国心理学会临床与咨询心理学工作伦理守则 [J]．心理学报.2007.39(5):947–950

[39] 中华人民共和国劳动和社会保障部．心理咨询师国家职业标准（试

行).北京:中央广播电视大学出版社,2001.

[40] 周鸿. 创新教育学 [M]. 成都:四川大学出版社,2001.

[41] 朱丹. 大学生网络心理咨询效果的实证研究 [J]. 中国健康心理学杂志.2010.18(4):501-503

[42] 朱建军. 邓基泽. 大学生心理健康教育 [M]. 北京:清华大学出版社,2004.

后 记

为贯彻落实江西省政府办公厅《关于加强和改进新时代学校心理健康教育工作的实施方案》，针对学生心理健康教育现状，江西省委教育工委、省教育厅统一组织，工委宣传部、厅社政处具体实施，由华东交通大学舒曼教授担任主编，汇集省内外专家力量，共同编写的一套新时代大学生心理健康教育实用丛书。

本册参与审校人员及分工如下：第一篇由景德镇陶瓷大学韦莺、江西旅游商贸职业学院李昭华负责；第二篇由赣南师范大学伍仲颖、宜春学院刘天枚负责；第三篇由上饶师范学院姚智军负责；第四篇由九江学院张敏，江西应用技术职业学院赵薇、常春英、李征澜，江西交通职业技术学院贾炜荣，江西外语外贸职业学院井凯负责；第五篇由南昌师范学院王坚，萍乡学院刘寅华，江西财经职业学院王美娟、张亦弛，江西现代职业技术学院周燕琴负责。

新时代大学生心理健康教育实用丛书在编写过程中得到许多单位、领导、专家、学者的热情关心和大力支持。江西省委教育工委、省教育厅汪立夏、魏建克、于江宾等同志在编写框架拟定、内容审校等方面，给予精心的指导、做了大量工作。清华大学李焰教授、广州大学郭斯萍教授、中央财经大学赵然教授、中国科学院心理研究所史占彪教授、上海交通大学心理教育中心总督导杨文圣教授、武汉大学学生心理发展中心主任赖海雄教授等专家，为新时代大学生心理健康教育实用丛书编写提出许多宝贵的意见建议。在此，一并向所有帮助过该书的出版单位、专家、学者及同行们，表示最诚挚的感谢！

由于水平有限，加上时间比较仓促，书中难免有疏漏和不妥之处，敬请批评指正。如在使用新时代大学生心理健康教育实用丛书过程中，有任何疑问或建议，均可通过邮件方式与编者联系，邮箱：sm927@126.com。

编者